绿野游戏

幼儿园亲自然教育的理论探索与实践

金虹青 编著

宁波出版社

图书在版编目（CIP）数据

绿野游戏：幼儿园亲自然教育的理论探索与实践 / 金虹青编著 . -- 宁波：宁波出版社, 2025.3. -- ISBN 978-7-5526-5521-6

Ⅰ．G613.3

中国国家版本馆 CIP 数据核字第 20247FG656 号

绿野游戏：幼儿园亲自然教育的理论探索与实践
LÜYE YOUXI YOUERYUAN QINZIRAN JIAOYU DE LILUN TANSUO YU SHIJIAN

金虹青　编著

策划编辑	高一君
责任编辑	程　洁
责任校对	邵晶晶
出版发行	宁波出版社
地址邮编	宁波市甬江大道 1 号宁波书城 8 号楼 6 楼　315040
装帧设计	金字斋
印　　刷	宁波白云印刷有限公司
开　　本	787mm×1092mm 1/16
印　　张	11.75
字　　数	170 千
版　　次	2025 年 3 月第 1 版
印　　次	2025 年 3 月第 1 次印刷
标准书号	ISBN 978-7-5526-5521-6
定　　价	45.00 元

如发现缺页或倒装，影响阅读，请与出版社或印刷厂联系调换
电话：0574-87248279（出版社）
　　　0574-87328764（印刷厂）

本书编委会成员

金虹青　章　丹　王丹红　叶凌燕
竺　园　戴　娜　徐　宁　蔡李华

序 言

在自然中畅游，在经历中生长

收到金虹青园长的书稿《绿野游戏：幼儿园亲自然教育的理论探索与实践》，我非常高兴。我与金园长认识很多年了，从她在几个幼儿园间的工作，以及在园长和教研员之间的角色转换中，我看到了她专业上的成长和发展。她要我为这本书写个序，我是义不容辞的，也想借此机会谈一些自己的想法。

《中共中央 国务院关于学前教育深化改革规范发展的若干意见》指出："坚持以游戏为基本活动，珍视幼儿游戏活动的独特价值，保护幼儿的好奇心和学习兴趣，尊重个体差异，鼓励支持幼儿通过亲近自然、直接感知、实际操作、亲身体验等方式学习探索，促进幼儿快乐健康成长。"在亲近自然的过程中，儿童与自然能够产生共生关系。这种共生关系，就是人和自然的相互成就。尊重大自然意味着要公平给予所有生物实现其潜能的机会，大自然同样拥有权利，这些权利是人类作为自然唯一的"道德代理人"应予以尊重和捍卫的。儿童正是在不断亲近大自然的过程中，产生了对自然的情感，从而懂得珍惜和关爱大自然，形成基本的自然伦理，发展生态文明。

美国作家理查德·洛夫（Richard Louv）在其《林间最后的小孩：拯救自然缺失症儿童》一书中提出自然缺失症（Nature-Deficit Disorder）的概念，这一概念揭示了人类正在远离自然的事实和由此引起的困扰。解决自然缺失不是依靠药物，而是依赖人们自然意识的觉醒，以此唤起人们内心对自然的强烈需求。对儿童而言，就是要让他们有机会释放亲近自然的天性，这是儿童与生俱来的本能力量，是儿童心灵成长的内在需要。亲近自然是一个主动自发的过程。亲近也是儿童与自然特殊的关系属性，其中充满了情感、向往及依恋。

亲近自然不只是表面的观察，还是整体深入的感知；亲近自然不只是任务的完成，还是内在愿望的激发；亲近自然不只是单一的学习，还是综合经验的共生；亲近自然不只是短暂的行为，还是持续探究的行动；亲近自然不只是信息的了解，还是不断深入的思考；亲近自然不只是空间的拓展，还是鲜活课程的生发。因此，自然是天然的教育者，它能让儿童产生熟悉感、亲近感、依恋感。

儿童的天性决定了他们对大自然充满好奇，有探索和发现自然的愿望，有亲近自然的倾向。儿童的内心有一个自然的世界，这个内在的自然世界需要维护。亲近自然是儿童天性的自然表露，也是推动儿童成长发展的重要力量。日月星辰、雨雪风霜、土石沙水、动物植物等都是儿童乐意亲近的对象，也是儿童成长不可缺少的环境资源。儿童与大自然之间有割不断的联系，正是这种联系充实了儿童的经验，满足了儿童的天性，成就了儿童的人格。面对自然，儿童积极投入，快乐游戏，动用感官，获取经验，这是幼儿园课程的重要组成部分，也是他们童年生活的重要组成部分。

多年来，金虹青园长带领老师们以科学的自然观为指导，深刻理解自然对儿童的重要价值，全面梳理自然教育的理论和观念，努力贯彻落实以游戏为基本活动的理念，构建了一个科学务实的自然教育体系——绿野游戏。经过扎实的实践，他们形成了"艺术家""生活家""探索家""小玩家"等系列游戏故事，总结了"石头大玩家""脚下的泥土好神奇""多彩的植物""神奇的水""甜美的果实""小沙子，大乐趣""与叶相遇，拥抱自然""亲亲小动物"等游戏活动方案。这对落实以儿童为本的基本理念，深化幼儿园课程改革，提升幼儿园教育质量具有重要的启发意义。相信金园长和老师们一定会再接再厉，不断实现课程建设的新跨越。

虞永平

2024 年 8 月 26 日

目 录

理论篇

儿童与自然 ·· 2
　儿童是自然之子 ·· 2
　现实教育中存在的问题 ·· 4
　让绿野游戏解决"自然缺失症" ································ 4

绿野游戏概述 ·· 6
　绿野游戏的定义 ·· 6
　绿野游戏的特点 ·· 7
　绿野游戏的价值 ·· 8
　绿野游戏的理念 ·· 9

绿野游戏的环境创设 ·· 13
　创设原则 ·· 13
　创设策略 ·· 15
　创设实践 ·· 16

绿野游戏的材料 ·· 21
　游戏材料的分类 ·· 21
　游戏材料的收集和管理 ······································ 23

游戏材料的功能与应用……………………………25
绿野游戏的经验与样态……………………………29
　　游戏经验的生长……………………………29
　　游戏样态的形成……………………………33
绿野游戏的教师支持……………………………38
　　教师支持的三大阶段……………………………38
　　教师支持的具体策略……………………………41
　　嵌入式评价……………………………46

故事篇

绿野生活家……………………………60
　　摘杨梅了……………………………60
　　小象餐厅……………………………68
　　春日派对……………………………77
绿野小玩家……………………………84
　　奇趣野战营……………………………84
　　稻秆大变"型"……………………………91
　　树枝大力士……………………………96
　　家……………………………102
绿野探索家……………………………111
　　管里有"趣",引水入池……………………………111
　　钓　鱼……………………………118
　　小蚂蚁奇遇记……………………………126
绿野艺术家……………………………132
　　奇"石"妙想……………………………132
　　树叶小人……………………………139

泥巴蛋糕 …………………………………………………… 145

方案篇

石头大玩家 …………………………………………………… 152
脚下的泥土好神奇 …………………………………………… 155
多彩的植物 …………………………………………………… 158
神奇的水 ……………………………………………………… 161
甜美的果实 …………………………………………………… 164
小沙子 大乐趣 ……………………………………………… 167
与叶相遇，拥抱自然 ………………………………………… 170
亲亲小动物 …………………………………………………… 173

后 记 …………………………………………………………… 175

理论篇
LILUN PIAN

儿童与自然

ERTONG YU ZIRAN

儿童是自然之子。

——英国诗人威廉·华兹华斯（William Wordsworth）

儿童是自然之子

1. 儿童成长应顺应自然法则

老子在《道德经》中提出："人法地，地法天，天法道，道法自然。""道法自然"揭示了整个宇宙的特性，囊括了天地间所有事物的根本属性，万事万物均需效法或遵循"自然而然"的规律。"道法自然"强调人是自然的产物，天地间所有事物都要顺应自然法则，遵照自然规律。儿童处于人生的起始阶段，如同自然界其他生物的幼小阶段一样，是与自然密不可分的。儿童来自自然，也需要回归自然，他们应按照自然规律来成长。

人类的自然属性是指人类作为生物体所固有的、与生俱来的基本特性和能力，这些特性和能力不受社会文化、历史背景等外部因素影响。

人类是大自然的一部分，人在不同阶段都对自然有天然的亲近感。人类的发展与个体的成长都离不开大自然。在成人的记忆中，那些美好的儿时片段，大部分都和自然有关。一个美好的童年，必定和大自然有着千丝万缕的关系，自然神奇的力量滋养着人类生生不息、蓬勃向上。

著名海洋生物学家蕾切尔·卡逊（Rachel Carson）曾经以形象的比喻来倡导和呼吁成人要为让儿童成为自然之子做积极的努力。她提出，儿童最好能先当一个"野人"，能有充分的时间和空间，尽可能沉浸在大自然的怀抱中，得到自然的滋养。由此，成人要悉心关注儿童，观察他们的言行举止，从而发现儿童发展的自然规律，促进儿童健康地成长。

自然是儿童成长最适宜的环境。自然对儿童的发展有着极其重要的作用。儿童在自然中玩耍、探索，他们的注意力更容易集中，情绪更加稳定，反应更加敏捷，身体的各项机能更能有效地得到锻炼。所以，儿童与自然的关系越亲密，儿童越能变得心态阳光、思维活跃、身体健康。儿童天真、烂漫、无拘无束的天性与大自然是多么适恰。与成人相比，儿童更具有自然属性，他们的语言与行动能更真实地体现他们的内心世界。

2. 儿童是未来自然的守护者

人们已经深刻认识到保护自然的重要性和紧迫性。保护大自然，即守护人们赖以生存的自然环境，是一项长久且需要人们坚持不懈付诸实践的重大任务。

那么，谁是自然的未来守护者？儿童，作为未来社会的主人，未来会成为推动社会发展、引领文明的中坚力量，成为自然的守护者。

在未来，自然的守护者应该具备怎样的素质与能力？研究表明，成人对自然的关切程度及保护行为与他们年幼时参与如远足、钓鱼等野外活动的经历密切相关。这些在自然中自由玩耍的时光，深深镌刻在他们的记忆之中，成为他们生命中影响深远的宝贵经历。儿童在自然中的玩耍需要成人的正确引导。正确的引导能提升儿童观察自然界细微之处的能力，并增进他们对周围环境的全面理解和认知。尤为重要的是，成人应引导儿童学会以尊重的态度与自然界中的动植物相处，从保护自然的角度出发，培养他们形成良好的行为习惯，使他们既能享受自然的恩赐，又懂得自我约束，内心充满对自然的敬畏与爱护。

怎样的行为才是真正意义上的保护自然，而非以亲近或保护之名行破坏之实？要成为真正的自然守护者，必然要与自然建立起深厚的情感纽带。这种"亲密"情感，是儿童热爱自然并致力于保护自然的根本动力。只有基于这种情感联结,真正尊重和爱护自然,儿童才会自动规避任何可能破坏自然的行为,审慎考虑自身行为的恰当性,产生真正意义上的守护自然之举。

现实教育中存在的问题

美国著名作家理查德·洛夫在他的畅销书《林间最后的小孩:拯救自然缺失症儿童》中提出了"自然缺失症",他指出:"大自然始终教导我们,滋养我们的精神,承载着我们的生命。"他在书中强调,"自然缺失症"不是一种需要医生诊断或需要服药治疗的病症,而是当今社会的一种危险的现象,即儿童在自然中度过的时间越来越少,导致儿童出现一系列行为和心理上的问题。

当今社会,城市的生活节奏紧凑化、生活环境人工化、生活方式智能化,这些可能剥夺了儿童接触自然的机会。而且,很多城市儿童住在"水泥森林"式的高层住宅,和自然接触的机会更是大大减少。这会使儿童对自然缺乏深入的体验和了解,导致儿童的亲自然行为和亲自然意识缺失。

审视当代城市儿童可以发现,有不少家长因为不想让自己的孩子"输在起跑线",便让学龄前的孩子加入培训的行列。此外,部分家长对孩子过度保护,很少让孩子到自然中活动、玩耍。家长的这些行为会使儿童更容易出现"自然缺失症"。

让绿野游戏解决"自然缺失症"

城市中的幼儿园要以何种方式和途径去避免城市儿童出现"自然缺失症"呢?人与自然的关系既是一个永恒的哲学命题,又是一个紧迫的现实议题。若要使儿童与自然建立亲密关系,就要释放儿童的天性。那么,儿童与自然建立联系的线索和路径是什么呢?

游戏是最符合儿童天性的学习方式,我们基于"顺应自然,玩启未来"的办园思想,一直思考着从儿童的天性出发,让游戏真正成为儿童的基本学习方式,寻找着能让儿童回归自然的游戏样态。幼儿园现有的课程多是经过预设的集体活动，以教师主导的形式来开展，往往不能周全地考虑儿童的兴趣和需要，不能满足儿童多样化学习、自主性学习的需要。

众多的研究数据表明，在自然中进行游戏对儿童的发展有着不可低估的作用。在自然中进行游戏能保障儿童身心健康发展。儿童在自然中，身心能得到最大限度的舒展。儿童在自然中健康成长，也是幼儿园教育的根本目的。此外，在自然中进行游戏能让儿童回归教育本源，即回归自然。人是自然的产物，人与自然密不可分。在大自然中，儿童的天性能得到释放，儿童可以多感官接触、认识世界。

因此，开展自然游戏能够解决城市儿童的"自然缺失症"。我们以游戏为切入点，创生了绿野游戏，将自然作为重要的教育资源，让儿童在自然中通过感知、探究、创想，和自然建立亲密关系，从而在大自然中获得良好的情感体验，实现身心健康发展。

绿野游戏致力于最大限度地满足和支持儿童亲近自然的愿望，让儿童在大自然的怀抱中尽情感知、体验，并自由表达内心的感受，从而积累保护自然的宝贵经验。这样的游戏体验能够激发儿童对自然界中各种动植物的亲近感，培养他们对自然的热爱之情，进一步催生儿童关心自然、爱护生命的意识，最终学会与自然和谐共生的生活方式。

绿野游戏不仅能让儿童更深刻地认识到自然环境的重要性，还能促使他们意识到个人行为可能会对自然环境产生的潜在破坏，进而激发和培养儿童的环保意识和责任感。这样的体验会为儿童日后热爱和持续保护自然奠定坚实的基础。

绿野游戏概述

LUYE YOUXI
GAISHU

大自然、大社会都是活教材。

—— 中国儿童教育家陈鹤琴

绿野游戏的定义

绿野游戏是基于自然的感知觉游戏。自然为儿童提供了丰富的环境和材料，能让儿童在游戏中充分调动自己的视觉、听觉、嗅觉、触觉、味觉，并通过游戏互动，获得有益的自然经验。

绿野游戏是基于自然的探究性游戏。儿童可以在游戏中通过自然感知，发现自然中的一些变化和一些动植物的特征，如探究沙、石、泥、水的不同特点，以及它们与人类相互依存的关系。

绿野游戏是基于自然的创造性游戏。儿童可以在游戏中通过与环境、材料、同伴的互动，创造性地使用和改造材料，用自己的方式解决游戏中的问题。

绿野游戏主打"绿色"和"野趣"："绿色"代表自然，象征生命，富有灵性，充满活力和无限生机；"野趣"代表原生态，天性的张扬，自由活泼，是儿童原本的样子。

因此，绿野游戏就是基于自然、源于自然并能引发儿童自主地感受、探究、发现、表现与表达的游戏。

绿野游戏的特点

2012年10月，教育部颁布了《3—6岁儿童学习与发展指南》，其中指出："要珍视游戏和生活的独特价值，创设丰富的教育环境，合理安排一日生活，最大限度地支持和满足幼儿通过直接感知、实际操作和亲身体验获取经验的需要。"2022年颁布的《幼儿园保育教育质量评估指南》也提出："遵循幼儿身心发展规律和学前教育规律，尊重幼儿个体差异，坚持以游戏为基本活动，珍视生活和游戏的独特教育价值。"

绿野游戏作为一种新型的游戏样态，能充分满足儿童喜欢游戏的天性，让儿童以游戏的方式进行学习。绿野游戏也能让儿童回归自然，释放天性，是儿童亲自然学习的重要实践路径。

在安吉游戏中，儿童以运动和探究为主，在游戏中积极挑战、冒险，并不断发现问题，解决问题，从而获得喜悦的情感体验。绿野游戏秉承了安吉游戏所倡导的游戏精神，让儿童更能够在自然中打开多种感官的通道，去发现、探究、创造，真正感受大自然的神奇与美好。

绿野游戏以培养"绿野艺术家""绿野生活家""绿野探索家""绿野小玩家"为使命，希望实现让儿童回归自然、滋养儿童心灵的游戏愿景，激发儿童的想象力和创造力。

绿野游戏的特点是"自然 — 行为 — 经验"，自然是游戏的根基，行为是游戏的展现，经验是游戏的衍生。绿野游戏能培养儿童的自由创造精神和自主探究能力。

自然是游戏的根基。绿野游戏倡导让儿童在自然中以自然的方式自然地成长。在自然的场域里，绿野游戏能引发儿童全身心地打开自己的感官通道，和周边的环境产生联结，充分释放好奇、好问、好动的天性。绿野游戏的生发、开展都源于自然、基于自然，能够真正让儿童在自然中游戏、学习、成长。

行为是游戏的展现。幼儿园阶段的儿童，其思维处于具体形象阶段，会受具体形象与动作的影响。儿童在游戏中，会通过动作、语言等和周围的人或物发生交互，在表达、表现自己的想法与需求，实现自己意愿的过程中进行学习、获得成长。儿童的游戏行为就是他们内心需求、真实水平等内容的具体体现。教师可以通过观察儿童的游戏言行，分析儿童的发展情况。

经验是游戏的衍生。游戏是儿童学习的主要方式。在绿野游戏中，儿童身处草坪、山坡、树屋等各种自然场域，以探索、扮演、创想、运动、造型等形式来观察现象、发现问题、交流合作、操作验证，从而获得直接的、亲身的体验，再在体验中进行反思、改变思路、改进策略、提炼方法，获得新的经验。

绿野游戏的价值

绿野游戏强调将自然作为重要的教育资源，让儿童能够在游戏中充分感知、体验自然，与自然建立亲密的关系。

绿野游戏有利于培养儿童的敏锐觉知。在儿童的成长过程中，多感官发展不仅关乎他们如何与世界互动，还关乎他们的整体认知、情感和社会技能的发展。基于自然的绿野游戏为幼儿提供了与周围环境互动的机会，有利于触发儿童的视觉、听觉、触觉、味觉和嗅觉。自然中有着丰富的资源，例如，儿童可以倾听鸟鸣，观察树叶的颜色、形状，感受风的吹拂和阳光的温暖。儿童可以通过观看、倾听、触摸、品尝、嗅闻来探索世界。通过观察，儿童可以发现自然中许多细微的变化和美丽的细节，这有助于提升他们的观察力和敏锐性。儿童还可以使用各种自然物品，如树叶、竹子、石头等，制作简单的乐器，在敲击、摇晃中感受节奏和旋律，也可以在自由舞蹈中感受身体和音乐的律动。

绿野游戏有利于激发儿童的创新思维。绿野游戏是一种基于自然环境和自然资源的游戏方式，其玩法简单、自由度高，充满探索性和创造性，非常适合用来激发儿童的创新思维。儿童参与绿野游戏，可以接触不同的自然元素，会产生更多的联想和创意。教师可以鼓励儿童在自然环境中自由探索与创造，引导儿童发现自然规律、解决现实问题，激发他们的创新精神与求知欲。例如，儿童可以利用自然环境中的资源,如树枝、树叶、石头等,创意建构游戏。儿童也可以利用自然环境和自然资源,模拟一些生活场景或故事情节,如在沙滩上"搭城堡""建地球村",在游戏中扮演不同角色。儿童还可以在游戏中利用自然资源,如树叶、花瓣、石头等,进行创意绘画,创作各种有趣的画作。在未来,绿野游戏仍会不断创新和发展,包括更新游戏内容、改进游戏设施、引入新的游戏元素等,由此来保持活力和吸引力,满足儿童的需求和期待。

绿野游戏有利于提升儿童的动手实践能力。绿野游戏中多样态的环境和低结构的材料能为儿童提供更多动手实践的机会。例如,儿童可通过搭建帐篷,将户外草坪变成露营区;可将采摘下来的果实加工成果酱;还可以用砖块搭建灶台,开展烧烤游戏。丰富的动手实践机会,能够让儿童将自己的想象与创意付诸行动。同时,儿童在游戏中的饲养、种植活动,更是为他们提供了使用多种工具的机会。儿童在游戏中学会使用各种工具,他们的动手能力和解决问题能力得到了锻炼。

绿野游戏有利于儿童获得积极的情感。绿野游戏不仅关注儿童的身心发展和社会适应能力,还注重环境教育和多元互动。绿野游戏通过打造一个友好、开放的游戏环境,让儿童在游戏中自由地探索、发现、创造和学习,同时还关注儿童的认知发展,注重他们的情感培养。在游戏过程中,儿童可以体验成功的喜悦、合作的快乐、挑战的刺激等多种情感。此外,儿童在游戏中通过角色扮演、情感表达等方式,可以释放压力、调节情绪。这些情感体验有助于儿童建立积极的情感态度和情感表达方式。

绿野游戏的理念

绿野游戏秉持了"顺应自然,玩启未来"的思想。绿野游戏源于自然,回归自然,能引导儿童在自然环境中,基于自然元素,积极开展与自然相关的游戏活动,获得丰富的自然体验。同时,"顺应自然"也意味着对儿童的教育需遵循教育规律,需符合儿童的天性,满足儿童的需求,使儿童获得有益的经验,让教育像呼吸一样自然地发生。"玩启未来"指的是以游戏作为儿童最基本的活动方式,开启儿童认知外部世界的通道,激发儿童的兴趣,提高儿童的能力,努力为儿童的未来奠基。

为了更好地践行这一教育思想,教师们以儿童的长远发展为目标,提出与绿野游戏匹配的实施理念:自然、友好、开放、自主、创生。

1. 自然

自然是指游戏中自然环境的打造和自然材料的准备要使游戏具有亲自然性。因此,在环境的创设中,首先要改变城市幼儿园一味以大面积的塑胶和大型玩具设施作为游戏基本设施的现状。1840年,德国教育家福禄贝尔(Frobel)把自己创办的儿童教育机构命名为"幼儿园"(Kindergarten),意为"儿童的花园"。幼儿园不仅是儿童成长的花园,还是儿童与自然和谐相处的地方,儿童更喜欢在自然中游戏。

绿野游戏中的自然环境是指儿童赖以生活的生态环境、生物环境和资源环境。绿野游戏的环境不仅是一个能让儿童玩耍的地方,它还会随着季节、气候发生变化。儿童可以在山坡、树林、果林、水溪、树屋等地,发现、感受、探索、实验、创造、想象、互动,进行丰富多样的自主游戏。

绿野游戏中的自然材料也会根据季节的变化而发生变化。春天草长莺飞,夏天鸟鸣虫飞,秋天瓜果飘香,冬天树叶凋零,这些自然元素都有可能引发儿童丰富多彩的自然游戏。儿童在游戏中能获得相关的自然经验,他们在不同季节里游戏,能亲身感知自然中动植物的多样性、独特性,并能初步感受动植物和人类相互依存的关系。

2. 友好

2019年,联合国儿童基金会发布了《儿童友好型城市规划手册:为孩子营造美好城市》。该手册以儿童为重点,就城市规划应该在实现可持续发展目标中发挥的核心作用提供了指导,即从全球到地方,通过创建繁荣和公平的城市,让儿童生活在健康、安全、包容、绿色和繁荣的社区中。幼儿园作为城市儿童接受机构教育的起点,是儿童生活、游戏与学习的重要场所,也是儿童的重要栖息地。因此,无论是站在儿童友好城市的创建上,还是站在有利于儿童身心健康发展上,幼儿园都应竭尽所能创设一个满足儿童需求、倾听儿童心声、保障儿童权利的和谐、温馨、生态的环境。

绿野游戏除了需要创设友好的环境,还要求教师能够蹲下身来和儿童对话,并与儿童共情,发现他们的发现,倾听他们的心声。在绿野游戏中,儿童能充分感受教师们努力为他们创设的物理环境和心理环境的友好。儿童通过游戏所获得的丰富体验能够反哺自然,他们能珍惜、爱护自然中的一草一木,能友好地对待身边的小动物。例如,孩子们提出想为流浪猫找个家,他们从嫌弃流浪猫,逐渐转变为愿意寻找流浪猫,并使用废旧材料为流浪猫建造一个温暖的家,还想要给全国各地的人写信,希望有更多人来关心流浪猫。

3. 开放

绿野游戏中的开放理念意味着敞开、允许,这需要教师解放思想,解除过多的限制,做到开放思维,打破场域界限,并开放游戏资源,实行弹性的游戏时间。

一种新的游戏样态就一定要求组织者有创新思维,重构认知模式,用新的认知模式来看待、思考游戏中的问题。绿野游戏需要教师破除一些固有的思维,比如儿童在沙水区只能玩沙水游戏,下雨时就只能在室内进行游戏。如此,儿童失去了很多在雨天进行户外游戏时才能获得的乐趣和相关经验。其实,儿童应该在自然中真实地学习,从而获得关于风霜雪雨的经验,而不是在课堂里通过视频、图片获得。

儿童的学习和认知是一个整体,无法割裂。因此,进行绿野游戏需改变游戏区域固化的做法,儿童不一定要按照教师预先规划的空间来进行游戏,教师应允许儿童为了达到自己的游戏目的,"游牧式"地使用资源和空间。儿童可以在大沙池里玩挖沟渠游戏,也可以玩烧烤游戏;儿童可以在场地里用木头搭建城堡,也可以用材料搭建龙舟,和同伴一起玩划龙舟游戏。儿童将不同游戏之间的体验联系起来的机会越多,他们的思维结构就会越丰富。儿童在游戏中的资源,不应该局限于教师所提供的材料。儿童可以根据需要选择一切存在于环境中的资源。

4. 自主

自主的含义是个人能够依循自己的意愿行事,展现出独立性和主动性。在游戏情境中,自主体现为从儿童的视角出发,在游戏中赋予他们更广泛的自由选择权,这涵盖了游戏伙伴的选择、游戏内容的确定、游戏场地的挑选以及游戏时间的安排等方面。作为自主游戏的发起者和主导角色，儿童不仅拥有权利，还具备能力来自主决定游戏的主题、内容及规则。例如，在春天，当儿童内心萌发出举办派对的愿望时，他们会自发地寻找志同道合的伙伴，在幼儿园内自主选择适宜的场地搭建帐篷，分享美食，共同度过一段充满乐趣的休闲时光。

自主不仅指儿童能按自身意愿行动，还强调儿童在游戏过程中能够自我控制与管理，不断丰富游戏的情节与内容。游戏中的自主性激发了儿童的内在动机，促使他们充分发挥想象力和创造力，全情投入游戏，从而在游戏中收获愉悦与满足感。教师在这一过程中，应充分尊重儿童的兴趣与需求，积极营造友好、共情的环境氛围，通过更多的鼓励与肯定，让儿童的自主性得到认可与强化。

5. 创生

创生的意思是创造产生，生而成长。绿野游戏的过程就是儿童游戏经验创生的过程。绿野游戏关注儿童游戏经验的创生过程和影响游戏经验创生的因素，强调游戏的情境性、过程性、经验化、个性化。多样化的、开放的环境，低结构的自然的材料，能为儿童提供更多的灵感，有助于激发儿童的创造力。

因此，教师需要有意识地为儿童创设有准备的环境，引入更多自然元素，将自然中的花草树木、沙石水土搬进幼儿园，让自然中的四季变化成为儿童游戏生成的触发点，并在环境中设置更多情境，引发儿童的创造力。同时，教师可以在儿童的游戏环境中引入低结构、可移动、可设计、可改造的材料，激发儿童和材料的互动，促进儿童新经验的产生。

绿野游戏的环境创设

LUYE YOUXI DE
HUANJINGCHUANGSHE

我们重视环境,因为环境有能力去组织、提升不同年龄的人之间的愉悦关系,创造出美好的环境,提供变化,让选择和活动能更完善,而且环境的潜能可以激发儿童社会、情感和认知方面的种种学习。

——意大利教育学家洛里斯·马拉古齐(Loris Malaguzzi)

创设原则

绿野游戏的环境创设强调让儿童亲近自然,与自然充分接触和互动。幼儿园在设计和打造绿野游戏环境时,需遵循一系列创设原则。这些原则涵盖了安全的保障、自然元素的运用、教育价值的体现、环境的可持续性、整体的美观度等多个方面。绿野游戏希望创建一个既符合儿童身心发展需求,又能充分发挥自然教育作用,同时还具备可持续性的游戏空间,让儿童在其中能够安全、快乐地与自然亲近和互动。基于自然、友好、开放、自主、创生的理念,绿野游戏环境的创设需遵循以下原则。

1. 安全性原则

为了体现绿野游戏环境的自然性,环境打造时常会有山坡、沙池、水溪、树林等多种样态。因此,在环境创设的过程中,既要考虑场地的挑战性,又要充分兼顾安全性，要尽量避免因为地形或植物的高度而造成儿童观察盲区或挑战难度过高等问题。同时，在自然环境的创设中，由于自然物品种类繁多、功能各异，有的物品虽然可供儿童学习，但有一定的危害，如夹竹桃的乳白色汁液有毒，不适合儿童操作摆弄。因此，教师在创设游戏环境时，要把材料的安全性放在第一位考虑。

2. 童本性原则

儿童是教育活动的主体，一切环境都是为儿童服务的，自然对儿童的身体与心灵具有"天然滋养"的价值，因此，教师在进行环境创设时，需给予儿童与自然环境充分互动的机会，引导儿童参与环境的创设。儿童与自然的互动，不仅能培养他们创造美的意识，不断获取新经验，还能使他们在与环境的交互中持续成长。环境对儿童应是"开放的"，只有从儿童视角进行环境创设，才能让儿童真正爱上身边的环境。

3. 多样性原则

绿野游戏环境的创设不仅需要保证真实性，也要注重自然物品的多样性，最大限度提高环境的自然性，满足不同年龄段儿童的需要。教师们可以利用自然生态本身的变化性，种植不同的果树，如枇杷树、杨梅树、橘子树等；还可以栽种多样态的开花植物，如玉兰花、樱花、桂花、绣球花，以及攀爬类植物等。这些具有独特形态和自然美感的植物能够提升儿童感受美、表达美、创造美的能力。

4. 动态性原则

绿野游戏环境的创设既要能帮助儿童获得自然经验，也要满足儿童创生的需要。儿童的需求和兴趣是动态的，会随着其经验的变化而变化。因此，教师要注意环境的时效性，当儿童的经验或需求已经发生转移或变化时，就要及时调整，以匹配儿童不断变化的经验和创造需求。根据班级主题而创设的绿野游戏环境，它必定是根据儿童当下正在探究的内容而转变的，动态的、多变的环境才是符合儿童成长需要的。

创设策略

绿野游戏追求的是符合儿童发展需求的多样态环境。在绿野游戏理念下，教师可通过"最大限度趋近自然，最大限度开辟空间，最大限度引发互动，最大限度促发创造"的策略，逐渐形成集学习、探索、生活于一体的游戏环境。

1. 最大限度趋近自然

良好生态环境是绿野游戏的一大特色。"最大限度趋近自然"包含了多方面丰富而重要的内涵。首先，在空间布局上要尽量利用自然的形态和格局。例如，设置如同山间小道的弯曲小径，划分出像山坡和谷地的高低起伏的游戏区域。其次，要大量引入自然元素，如种植各类花草树木，让儿童能亲身感受四季的更迭和植物的生长变化。绿野游戏的环境要能释放和激发儿童的天性，助力儿童获得阳光般的活力，不屈不挠的毅力，乐意与自然对话的亲和力。在绿野游戏的推进中，教师会更多聚焦原生态的、来自大自然的天然资源。同时，在自然生态良好的环境中，儿童会面临更多挑战。

例如，教师可以根据园所场地的特质，借助小山、树林等具有"野"味的场域，创设爬坡、寻宝等野战类游戏，在保证安全的前提下，满足儿童爱挑战、爱冒险的需求。

2. 最大限度开辟空间

绿野游戏会充分利用空间并灵活布局。教师要充分利用幼儿园的户外空间，注重空间的开放性和通透性，打破传统的固定布局，让空间更加灵活多变，以适应不同活动和儿童的需求。绿野游戏的环境创设需结合每个园所自身场域的特点，充分挖掘园内的自然资源，如草地、树林、沙池、光照、水源等，合理规划功能与布局，减少品种单一的灌木丛，将空间还给儿童，打造具有自身特色的绿野游戏环境。

例如，教师们可以围着幼儿园的树，使用木材、沙水、石头等自然材料打造一片沙水玩乐区；可以在幼儿园的草坪上打造一幢小木屋，用来存放儿童收集的东西；还可以将不使用的泥地改造成鹅卵石地。

3. 最大限度引发互动

"最大限度引发互动"是指在户外环境的创设中，注重儿童的互动体验，适度留白。教师可以用环境中的空缺，进行无声的邀请，给予儿童无限的创想空间，让儿童真正成为环境创设人。一个有价值的绿野游戏环境可以为儿童提供展示自我、共享资源、互动交流的机会。教师通过设计一些需要团队协作的任务和活动，鼓励儿童积极参与、互相帮助、共同分享，从而培养他们的社交、合作能力。

"最大限度引发互动"不仅是动态的显性互动，还有隐性的环境互动。在绿野游戏中，我们能看到不同年龄阶段、不同兴趣儿童的游戏创意想法。教师可以找一个合适的场域，把儿童的游戏作品放置在特定的环境中，让大家清晰地看到作品的形态，引发其他儿童的观赏和评价。同时，教师可以提供一些材料，放在一旁，提示、诱导儿童参与游戏。

4. 最大限度促发创造

"最大限度促发创造"主要是在环境中激发和培育儿童的创造力和想象力。教师可以利用自然元素和创意材料，为儿童打造一个充满想象的空间。教师可以定期更换游戏材料，投放一些可自由组合的玩具和材料，让儿童自由发挥、创造自己的游戏和玩法。

例如，教师可以投放小型的瓦片等材料到游戏场地，儿童可以通过与同伴的互动，发明多种游戏和玩法。

创设实践

绿野游戏希望哺育儿童，让游戏来滋养儿童，且这份滋养是契合儿童天性，能助力儿童成长的。自然资源的开发和游戏资源的挖掘要站在儿童立场上。资源的选择与整合是绿野游戏质量的关键，优质的资源更是促进儿童丰富游戏、深度学习的基本保障。

1. 自然场域的开发

教师可以盘点幼儿园及幼儿园周边一切可利用的自然场域，为绿野游戏的开展提供场地、物质基础。教师还可以在前期寻找、走访、调查、收集资料时,共同探讨幼儿园内外的资源,结合儿童的兴趣、课程实施的需求等进行筛选、梳理,形成课程资源图,将资源与游戏进行有效联结。

(1)设计幼儿园内的自然游戏场

自然游戏场是从人与自然互动的设计理念出发,基于儿童兴趣打造的游戏场地。儿童喜欢什么样的自然游戏场?儿童的回答是花园、小河、树屋、沙滩、泥巴地……儿童向往的自然游戏场充满童话色彩,这便是设计自然游戏场的出发点。

设计幼儿园内的自然游戏场,需要基于儿童的兴趣和需求,充分利用幼儿园的户外资源,构建有自然意蕴、主题鲜明的游戏空间,尽可能保持自然的元素,让每个自然游戏场都具有可玩性。

教师可以根据幼儿园的场地布局,规划出山坡、竹林、迷宫、泥巴乐园等多种自然游戏场,以满足不同游戏的需要。在幼儿园的绿野种植区,儿童能根据兴趣和课程的需要,进行有意识的种植,感受四季轮回的种植节奏。

(2)盘摸幼儿园周边的自然资源

幼儿园周边的资源是实现儿童到大自然、大社会进行探究学习的有效载体。教师要充分挖掘幼儿园周边的资源,拓展儿童绿野游戏的场域,带儿童走向真实的自然或社会。在盘摸幼儿园周边自然资源时,要综合考虑地理位置、气候特点、天气等因素,不断实践与思考,推动游戏资源的逐步形成和完善。

教师可以挖掘幼儿园周围5000米内的资源,再根据资源的性质进行分类、汇总。教师还可以分组进行资源调查,把对绿野游戏有价值的资源进行登记、拍照、整理,制作成"幼儿园周边资源地图"。这样的资源地图可以做成纸质的,也可以做成电子版的,方便教师提取和利用。

例如,基于小班儿童的年龄特点、需求和兴趣,教师可以组织儿童参观幼儿园附近的采摘基地,并制定相应的路线。儿童通过观察、采摘、游戏等方式,能全面地感知季节的变化,与大自然进行亲密的互动,感受采摘的快乐。

2. 操作方式

绿野游戏的环境主要是诱导式环境。诱导式环境的概念源自瑞吉欧教育理念中的"诱导区",是基于一种特定理念的户外环境,它将环境看作一个可以支持儿童游戏、探究与学习的容器,以"诱导式"的操作,达成拓展或延伸儿童的想法、兴趣的目标。

诱导式环境基于教师对儿童有意识、有意义的观察,旨在激发儿童的好奇和思考。诱导主要指向吸引,意在点亮儿童的好奇之心,为儿童提供新的经验。诱导式环境不仅是一个物理空间的概念,更是一个激发、唤醒和刺激儿童行为与反应的游戏环境。

(1)诱导方式

诱导式环境主要是指通过材料、标识、场景等对儿童进行诱导,预设丰富的游戏材料,设置多样的游戏标识,形成风格各异、生动的游戏情境,诱发儿童的游戏欲望,最大限度满足儿童的好奇心,从而让儿童在游戏中自发地进行一系列的探究活动。同时,诱导式环境具有可变性,儿童能在游戏中加入很多个性化的元素,创造自己的"进阶型"的游戏内容。

①材料诱导

材料诱导是指在游戏中通过投放某些特定的材料,引发儿童反应或使儿童产生一些游戏行为,这里的材料主要指丰富多样的低结构材料。

例如,秋天有很多不同颜色、形状、质地的树叶,教师可以引导儿童通过观察、触摸等来感知树叶的特性,从而生发出与树叶相关的各类游戏,如"下树叶雨""树叶造型""树叶拓印"等。

②标识诱导

标识诱导主要是指通过设置清晰、直观的标识符号,帮助儿童快速了解、熟悉并适应绿野游戏的环境。标识在绿野游戏环境中发挥着重要的导向和提示作用,扮演着重要的角色。标识通过图片、文字等形式来传递信息,会影响儿童的认知和行为。

例如,教师可以在游戏场域中设置游戏区域指示牌,为儿童指引方向。标识还可以展示游戏类型,帮助儿童明晰自己所处的游戏空间,提醒儿童了解该区域中的游戏主要指向和基本规则。

③场景诱导

场景诱导主要是指在幼儿园环境创设中，教师通过特定的场景设置或氛围营造来引导或影响儿童的行为、情感和认知。场景诱导主要是通过模拟相对真实的生活场景，如表演舞台等，为儿童提供一个逼真的游戏体验空间，显性引导儿童自然地生发游戏行为。教师可以根据儿童的兴趣，也可结合季节、节日等进行场景创设。

例如，在中秋节时，教师可以在桂花树下放置有关月亮、玉兔等具有节日元素的材料，引发儿童开展与中秋相关的传统游戏，让儿童在角色扮演和互动中深入了解传统节日文化。教师还可以在端午节放置包粽子的材料，设置龙舟比赛的场景，让儿童参与其中，用合适的材料玩包粽子的游戏，感受龙舟竞渡的激烈和热闹等。

这三个诱导方式虽有不同的侧重点，但都是通过某种方式或手段来引导或影响儿童的行为、情感或认知。在实际应用中，它们往往相互交织、共同作用，以实现特定的目的或效果。

兴趣是儿童最好的老师，丰富多彩的环境是激发和培养儿童好奇心和诱发他们的游戏兴趣的重要条件。诱导式环境所创设的情境是多变、丰富、有美感的，它不仅注重以情境来吸引儿童的视线，诱发儿童与场景、材料的互动，还通过展现儿童在游戏过程中的照片、作品和相关游戏经验的表征，引发儿童的交流、分享、模仿。

（2）主要优势

诱导式环境是教师精心设计并科学规划的场域空间，能吸引儿童，刺激儿童的感官。这样的环境不仅能为儿童提供自我表达、发现创造的舞台，还有助于深化儿童对自身独特思维、概念和认知的理解。在诱导式环境中，儿童可以自由探索，展现自己的创造性、流动性和灵活性。诱导式环境主要有三个优势。

①打破传统模式

传统游戏环境的创设，往往遵循固定的模式，会根据健康、语言、社会、科学、艺术这五大领域的不同要求规划相应的场域。而诱导式环境彻底打破了这种局限性，它可以将游戏场地灵活地设置在幼儿园的任何一个角落，不仅可以设置在地面上,还可以设置在树上、水池中、沙地里,甚至是盆子、旅行箱中。这种创新的模式让游戏环境变得更加灵活多变,为儿童提供了丰富多元的游戏可能。

②低材料结构

诱导式环境中所采用的材料都是低结构和天然的,与传统的玩具不同。这些低结构的材料没有固定的玩法,不仅增强了游戏的可操作性,还能激发儿童的创意与探索精神。儿童在与这种低结构材料互动时,可以萌生出多种创意玩法。

③整合多元领域

在诱导式环境中,儿童的游戏不会局限于某一学科或领域。教师可以对儿童的兴趣与需求进行分析,并依据儿童发展阶段和年龄段目标,为儿童提供适宜、丰富的游戏材料。同时,在环境的布置与材料的选择上,教师可以巧妙地融入多个领域的内容。

例如,在户外表演诱导区,教师不仅可以投放儿童表演需要用到的音箱、话筒、背景板等基本材料,还可以投放表演类书籍、服装设计类支架、道具拓展箱等。一个看似主要指向表演的游戏空间,实则为儿童提供了美工、阅读等方面的学习材料。

诱导式环境是多维度、跨学科的游戏平台,允许儿童在游戏中自然习得相关经验与技能,帮助儿童在玩中学,在玩中成长。在诱导式环境里,教师不仅是儿童游戏的陪玩者或引导者,更是儿童游戏的欣赏者和共享者。

如果儿童不能在自主的状态下主动与教师所提供的环境互动,就无法完成经验的自我建构,那么,儿童有意义的学习就不可能存在。只有创设能与儿童友好对话的游戏环境,努力追求符合儿童发展需求的多样态环境,使儿童真正成为游戏的主角,儿童才能成为有能力的主动学习者。

绿野游戏的材料

LUYE YOUXI DE CAILIAO

只要有心,自然界的一草一木都可以随时成为教材,自然界新诞生的一切都可以成为孩子们认识与注意的对象,世界上再没有比大自然更好的老师了。

——德国教育家卡尔·威特(Karl Witte)

游戏材料的分类

材料是儿童隐性的教师,是儿童认知发展的中介与桥梁。我们身边有充足、多样的材料,这为幼儿园开展绿野游戏提供了丰富的物质基础。绿野游戏常用的材料主要有自然材料和废旧材料两大类。自然材料的教育价值高,其多样的结构、天然的物理特性,使其成了绿野游戏中不可或缺的材料。废旧材料在绿野游戏中同样扮演着重要的角色,它们不仅是资源循环利用的生动体现,更是激发儿童创造力、想象力与发展儿童问题解决能力的宝贵资源。

1. 自然材料

自然材料具有天然的形态,不仅种类繁多、取用方便,还会随季节的变化而更新。但因儿童游戏及材料本身的限制,并不是所有的自然材料都适宜给儿童使用。经过筛选,教师们将自然材料细分为植物花草类、田生作物类、海洋生物类和其他类。

自然材料细分表

材料类别	名称	具体内容
植物花草类	树	树根、树枝、树叶、木片、木棒等
	竹	竹竿、笋壳、竹叶、竹枝等
	草	各种类别的草
	花	各种类别的花
田生作物类	种子	各种作物种子及外壳
	茎秆	稻草秆、玉米秆等
	果实	花生、豆子等
海洋生物类	壳	贝壳、螃蟹壳等
其他类	石	鹅卵石、雨花石等
	泥	各种类别的泥
	羽毛	禽类羽毛

2. 废旧材料

在绿野游戏中，废旧材料也是重要的资源。经过筛选，教师们将废旧材料细分为纸类、塑料类、金属类、玻璃类、织物类。

废旧材料细分表

材料类别	具体内容
纸类	皱纹纸、纸筒、纸板、鸡蛋盒、礼品盒等
塑料类	塑料瓶、PVC管等
金属类	锅、碗、瓢、盆等
玻璃类	玻璃瓶、玻璃碗等
织物类	麻布、麻绳、纱、丝绸等

在绿野游戏材料中，自然材料占据主导地位，废旧材料则是重要补充。教师可以将废纸与花草结合，制作花草纸；可以将各种造型的玻璃瓶作为插花的器具；可以将废旧的纸盒作为容器，让儿童放各种材料。

这些废旧材料的加入，不仅丰富了自然材料的应用，还给绿野游戏增添了多样性，为儿童游戏提供了有力支持。当儿童亲自动手利用这些废旧材料进行创作时，他们能更加深刻地认识到保护环境的重要性。

游戏材料的收集和管理

当幼儿园的自然资源足够丰富时，儿童可以随时选择自然材料来进行游戏。然而，幼儿园的自然资源毕竟有限，那么，教师可以采取两方面的措施：一方面，向外拓展，在不同季节收集不同的自然材料；另一方面，通过社区和家庭的协助，长期收集废旧材料，并通过废旧材料的回收及其在游戏中的再利用，培养儿童的环保意识。

1. 游戏材料的筛选标准

收集材料时，需要经过一定的筛选，才能将材料投放到游戏中。收集废旧材料时要注重卫生、安全、合理搭配，同时材料要具备探究性、独特性、灵动性等。收集自然材料时还要注意材料需具备"真、趣、野"的特质。

"真"是指材料体现真实。真实的自然材料会带给儿童更多想象空间与灵感，是儿童习得知识经验的"宝贝"。给予儿童与自然材料进行对话的机会，能让儿童发挥他们自然的灵性与本能，感受大自然的美与智慧。

"趣"是指材料体现好玩。材料的功能指向越不限定，越能激发儿童爱玩的天性，应让材料的玩法充满多种可能。在游戏时，儿童需要对材料进行一定的思考与尝试，而非单一地摆弄材料。如利用海洋生物类材料贝壳时，儿童可以在沙中寻找贝壳，用贝壳舀水湿沙，把贝类当电话、钱币等，还可以用它们拼出各种造型。

"野"是指材料体现挑战。这里的"野"更多指向儿童在日常生活中接触不到的自然材料，如刺梨、苍耳等。这些材料能提升儿童的想象力、创造力。

绿野游戏材料的收集，除了幼儿园教师，更需要家庭和社区的加入。教师可以在社区、家长中加强宣传，引导家长参与游戏材料的收集，获得周边社区的支持，以亲子活动、绿野集市等方式，通过家校社的联动，不断填充幼儿园的游戏材料库。

2. 游戏材料的收集过程

在绿野游戏材料的收集过程中,教师可以引导儿童对材料进行比较和采择、清理和改造。

(1)比较和采择

在游戏材料收集过程中,儿童首先需要通过比较来选择有用的材料。特别是自然材料,因为其具有不稳定的特点。植物花草类和田间作物类材料会随着季节和气候的变化而变化。例如,若要收集鲜美的果实作为材料,就需要通过比较外形、色彩和触感来判断其新鲜程度。其次,还需根据材料的特性及其生长环境,选择适合的工具和方式来采集。比如,松果、银杏果更适合用袋子或篮子装,长长的芝麻秆需用剪刀进行收割。如果仅对自然材料进行无差别的广泛收集,不加以筛选,将会导致大量自然资源的浪费。在回收废旧材料时,则应选择相对完整且干净的材料,以提高其可利用价值。

(2)清理和改造

无论是自然材料还是废旧材料,都需要进行必要的清理。教师可以通过清洗去除材料外部的杂质,如螺、贝等需要剔除腐肉,以确保它们的卫生与安全。暴晒可以使材料更加干燥,防止腐烂变质,还有助于收集种子、果实等。在这个过程中,儿童可以感知材料的特性,如河蚌的腥臭等。还有些材料需要打磨以去除毛刺。回收来的容器,如牛奶盒等,则需要彻底清洗和消毒。

为了保证自然质朴、形态各异的自然材料能在游戏中被安全使用,并最大限度地发挥功能,很多材料还需进一步加工与改造。加工与改造方式因材料的不同特质而不同。例如,竹子、木头等材料可以被加工成柱状、段状或片状;有些竹子打孔后,借助螺丝、螺母等连接件,就能变成可建构的材料。此外,还可以将两种或多种自然材料组合成一个新的材料。材料的加工与改造应根据儿童的游戏需求进行,以成人为主,儿童为辅。

3. 游戏材料的管理

游戏材料的管理非常重要。首先,教师需要对材料进行细致分类,以便于整理和后续使用。分类后的材料应摆放合理,具体而言,大件且较重的材料,应放置在低位，以便取放；而小件、轻便的零散材料，则可收纳于不同大小的透明整理箱中，并贴上清晰的标签，这样可以帮助儿童快速找到他们所需的材料，也方便后续的整理工作。在标签制作方面，要考虑不同年龄段儿童的认知水平和分辨能力，如针对小班儿童，可制作照片形式的标签，而中、大班儿童，则可采用绘画形式的标签。有条件的幼儿园可在户外设立材料资源库，便于儿童在进行绿野游戏时按需取用。

其次，教师要培养儿童爱护材料的意识和态度，组织儿童定期修整、清理破损的材料，并及时补充材料以满足儿童的游戏需求。

同时，废旧材料和工具需定期清洗和暴晒。对于部分特殊材料，需及时加盖密封，做好防潮、防蛀、防锈工作。

游戏材料的功能与应用

1. 游戏材料的功能

根据自然材料和废旧材料的不同材质、形态，并结合绿野游戏的主题，可以将游戏材料分成五个类型，对应五个功能指向。

绿野游戏材料一览表

材料类型	功能指向	经验链接	举例
运动类材料	体能	参与具有挑战性的体能游戏，强健身体；在游戏中磨炼意志	绳索、竹梯、轮胎、竹竿、竹筒等
探索类材料	体验、感知、观察、探索	获得关于自然的知识，增强感知力和理解力	树叶、木桩、花、种子、泥土等
创意类材料	艺术表现	欣赏、感受和体验自然的美，善于收集并运用自然的材料进行创作	树根、鹅卵石、泥土等
体验类材料	情感表达	乐于用语言和音乐表达对自然的赞美，对自然进行想象、建构和讲述自己与自然的故事	风铃、鲜花、沙、水等
互动类材料	友好互动	喜欢并亲近自然，增强对自然、社会和自己的了解，与自然和谐相处	种子、鱼、花、乌龟等

在绿野游戏中,每一种材料的功能都是多元的,尤其是低结构的材料。

例如,泥土是一种探索类材料,儿童在绿野游戏中会对泥土的特性有深入的了解,丰富自己关于泥土的认知。泥土又是一种创意类材料,儿童可以通过捏、搓、压等技巧进行泥塑游戏,提升自己的艺术创造能力并锻炼手部精细动作。自然材料会随着儿童多样的玩法展现出丰富的可能性。当然,部分材料会受到季节的限制,比如采收种子就需要等待适宜的时节,因为大部分种子在秋天最为饱满。

除了自然材料,废旧材料也同样具有多样的功能,如 PVC 管、报纸等材料既可以是探索类材料,也可以是创意类材料。这些材料的不同功能可以助推儿童生发有深度、有质量的绿野游戏,帮助儿童获得更多有益的经验。

2. 游戏材料的应用

教师应支持儿童在与材料的互动中建构自我认知。材料的设计、投入与调整都应立足儿童的年龄特点与发展需求。因此,材料的应用需要遵循以下要求。

(1)场域互通,支持材料融合

绿野游戏始终秉持以儿童发展为中心的教育观和开放自主的游戏观,主张场域互通,支持材料的融合,最大限度地支持儿童根据需求选择游戏材料。绿野游戏允许材料不受限制地在区域间自由移动,只要有需要,不论材料原来投放在什么区域,儿童都可以跨区域使用任何材料。比如,在绿野游戏场地中,玩泥巴的儿童可能还需要用到树枝、花朵、藤条等自然材料,若他们还需要使用废旧材料,就可以去材料库中自主寻找,再进行游戏。

当然,不仅室外的材料不受区域的限制,室内的材料也可以互通使用。儿童在室外游戏时往往需要一些存放在室内的材料的辅助。

(2)捕捉生发,更新材料内容

当儿童与材料互动的时候,教师要关注儿童在游戏中使用材料的情况,如使用频率、使用方法等,再进行分析。教师还要观察、识别、分析儿童的游戏行为,再根据儿童的兴趣提供新的材料,支持、助推儿童的游戏。此外,及时更新相关的游戏材料,可以有效地引发儿童不断运用高阶思维建构新的知识和经验,引发儿童在与材料的互动中进行深度学习。

植物生长的变化、气候的变化、季节的更替等，是儿童可以在生活中直接感知和观察到的。很多幼儿园都会开展关于节气的游戏，教师可以充分利用节气特有的气候特点和自然界的变化，及时更新游戏材料，将其巧妙地融入以节气为主题的绿野游戏中。

　　惊蛰过后，幼儿园里草木返青，花儿开放，户外的角角落落都藏着宝贵的游戏材料，如绿叶、鲜花、泥土等。儿童的眼睛能看到，手能触摸到这些材料。教师可以为儿童提供铁铲，让儿童翻土挖泥，让他们去发现泥土里的蚯蚓。儿童可以用网兜去捕捉各种各样的昆虫，感受盛开的桃花引来蜜蜂、蝴蝶，还可以用各种材料建造"昆虫旅馆"，充分感受绿野游戏的快乐。

　　夏至以后，经常下雨。下雨时，儿童可以穿上雨衣、雨鞋，打上雨伞。教师可以让儿童去寻找各种材料，去收集雨水，还可以组织儿童"两军对垒"，打一场痛痛快快的水仗。

　　秋分前后，教师可以提供月饼模具，引导儿童用泥巴制作"月饼"。落叶是大自然馈赠的最好的游戏材料，儿童可以从厚厚的落叶堆上跑过，听沙沙的声音。儿童还可以在落叶堆里打滚，抓起一把落叶来，制造一场金黄色的落叶雨，接着用落叶拼出一幅幅美丽的画。

　　冬至，晶莹剔透的冰块、漫天飞舞的雪花，都是珍贵的游戏材料，是大自然的馈赠。教师可以组织儿童开展关于冰雪的绿野游戏，如打雪仗、堆雪人、在雪地上踩脚印、制作冰花等。

　　在这些节气游戏中，废旧材料也十分常见，如在制作泥巴"月饼"时，儿童会用到木头模具；在制作冰花时，儿童会去收集各种造型的玻璃容器。自然材料和废旧材料的有机结合，使儿童的绿野游戏更加精彩纷呈了。

　　（3）遵循差异，关注材料层次

　　在投放材料前，教师需考虑儿童的发展特点与个体差异，再将材料进行由浅入深、从易到难地投放。在游戏中，教师可以通过对不同年龄段儿童与材料互动的观察，发现儿童发展的节点，再根据材料的特征和儿童发展的现状判断投放材料的时机。

不同年龄段儿童在进行绿野游戏时，对材料的需求是不同的，他们的需求会随着游戏的不断开展和游戏经验的不断获取发生改变。例如，小班儿童以具象思维为主，他们在绿野游戏中主要是模仿，喜欢开展角色类游戏，对材料的整体塑造能力比较弱。随着年龄和经验的增长，中、大班儿童在游戏中能够表现出更多的抽象逻辑思维，他们对材料进行创造、想象的能力也更强了。

游戏材料的投放需要关注各年龄段儿童的需求，否则材料就会失效。因此，在材料的应用中，教师要注重材料投放的层次性，带领儿童有效地融入自然，提升儿童对材料的运用能力。比如，在提供体验类材料时，教师要结合儿童的年龄特点及兴趣需求，有层次地提供材料，辅助儿童开展绿野游戏。在以秋天为主题的绿野游戏中，可以为小班儿童提供玩具，还可以适当提供自然材料，如石子、树叶等，这样更能引发儿童的游戏兴趣。中、大班儿童的游戏则可以融入更多自然材料，让儿童利用秋天的稻草、树叶、树枝、芦苇等开展游戏。绿野游戏以年龄段划分，教师可以通过层次化的材料投放，让材料成为儿童体验自然、融入自然的载体，让儿童能够结合自己的需求和经验，合理运用材料，逐步提升游戏能力。

（4）材料投放，匹配游戏需求

材料投放时，教师可根据儿童的游戏需求，进行定点投放和非定点投放。

定点投放是指根据某些材料的特性和功能，将它们定点放置在游戏场地内的某个位置。例如，大块石头不怕风吹雨淋且适合造型游戏和躲藏游戏，可以被定点放置在草坪中；大型积木则定点放置在建构创意区，以便儿童随时取用；玩沙工具则被放置在沙水区旁边。

非定点投放更能够满足儿童在游戏中的自主性需求，因为许多低结构材料能够在不同的游戏场地中被广泛应用。教师可以将收集到的所有低结构游戏材料进行分类，并集中放置在幼儿园专门的游戏资源库或置物架上，以便儿童根据需要随时取用。

绿野游戏的经验与样态

LUYE YOUXI DE
JINGYAN YU
YANGTAI

人只有按照自然所启示的经验来生活。

——德国哲学家阿图尔·叔本华（Arthur Schopenhauer）

游戏经验的生长

"经验"这一概念曾被许多学者提出。美国管理学家弗雷德里克·温斯洛·泰勒（Frederick Winslow Taylor）、美国教育家约翰·杜威（John Dewey）等人对游戏经验的要素有着各自的见解。泰勒是传统经验观的重要代表，他将学习经验视为等同于个体经历的学习过程，强调学习是通过儿童的主动行为或基于其已有经验而自然发生的，他认为学习经验本质上是儿童与能够激发其反应的外部环境之间的一种相互作用与动态交流。而杜威认为经验既指向结果，也指向过程，且他更看重"尝试""承受"等过程中的行动与实践。可见，杜威认为经验是融于行动中的。经验更是经历与反思，是行为的产物。

对儿童来说，游戏就是一种行动的方式。《3—6岁儿童学习与发展指南》指出，幼儿的学习是以直接经验为基础，在游戏和日常生活中进行的。要珍视游戏和生活的独特价值，创设丰富的教育环境，合理安排一日生活，最大限度地支持和满足幼儿通过直接感知、实际操作和亲身体验获取经验的需要，严禁"拔苗助长"式的

超前教育和强化训练。在游戏中,儿童与环境相互作用的过程和结果是一种经验,在游戏中不断经历与反思也是一种经验。游戏经验的生长过程蕴含了理性地引导儿童运用过往经验去探索并接受新经验的过程,这一过程促进了经验的改造与持续重构。简而言之,游戏经验的生长过程是实践与认识紧密结合、相辅相成的动态过程,它体现为儿童与游戏环境连续互动,并在具体情境中激发和锻炼自己的理性思维能力。

为了让儿童在游戏中聚焦知识、能力、情感,获得充分、自然的发展,绿野游戏借鉴了美国心理学家本杰明·布鲁姆(Benjamin Bloom)提出的三维目标,总结了三种游戏经验。

1. 知识取向的经验重组

绿野游戏更关注儿童对事物的概念(如架空、悬挂、平衡等)、关系(如昆虫与环境、沙与水的关系等)和价值(水的价值等)的判断。儿童在游戏中会形成相关的分析、判断、推理等经验,并将这些经验运用、调试和更新,实现知识经验的不断叠加与积累。

> **案例展示:搭建"金字塔"**
>
> 子钰:"我们搭的金字塔上面是尖尖的,下面是大大的,像座山。"
> 周熠:"我觉得这个不太像金字塔,它和我们在视频里看到的金字塔不一样。"
> 孩子们发现自己搭建的东西一点儿也不像金字塔,它其实就是个小沙堆。
> 金字塔到底是怎样的呢?
> 孩子们上网搜索了金字塔的图片和相关知识,了解了金字塔的基座为正三角形或正方形,是一个角锥体,且通常是四棱锥,有四个面、四条边。同时,孩子们将找到的金字塔图片和自己搭的金字塔照片进行了比对。
> 峻毅:"真的金字塔有四个面,我们搭的金字塔没有四个面。"
> 致宇:"是的,我们的金字塔没有四条直直的边,确实有点儿不像。"

瑞士儿童心理学家让·皮亚杰（Jean Piaget）认为，儿童只有亲身体验了某种活动，他才能形成自己的认知。在搭建"金字塔"的游戏中，儿童通过链接主题经验，主动探索、搭建，在原有认知经验和新经验的对比、观察中发现了问题，再通过视频、图片等，进一步感知金字塔的基本结构，更新了与金字塔有关的经验，并在游戏的展开、深入中，巩固、扩展、重组、调整自己认知经验的结构，形成了新的经验。

2. 能力取向的经验叠加

绿野游戏更关注儿童通过感知、探究、创造，产生新的经验，并用这些经验获得能力。儿童的游戏分享能力涉及语言表达、逻辑思维等，儿童通过讲述、对话、讨论等方式分享他们在游戏中获得的经验和感受，以及碰到的问题、矛盾等，这也是一种游戏经验。

> **案例展示：小蚂蚁奇遇记**
>
> 大为和琛琛在草丛旁发现了许多蚂蚁，他们正想把蚂蚁抓进盒子里时，薏米阻止了他们："不行！这样蚂蚁会被你们捏死的！"
>
> "我们小心一点儿就好了。"
>
> "这样很难抓，而且容易把蚂蚁捏死。我们用树枝把它们挑起来吧。"瑶悦边说边拿起身边的树枝引诱蚂蚁，但蚂蚁很快就溜走了。
>
> "用这个办法试试吧。"泽泽把盒子倒过来，罩住蚂蚁，希望蚂蚁爬到盒子的边缘。
>
> 但显然，蚂蚁不听孩子们的话。
>
> "还有什么办法呢？"薏米拿起一片树叶，"让蚂蚁自己爬上来吧。"她用树叶的顶端触碰蚂蚁，耐心等待。没过一会儿，蚂蚁真的爬上了树叶。薏米飞快地将树叶拿起，放入盒子，并赶紧将盒盖盖上。
>
> 孩子们发出了欢呼声："终于成功了！"

皮亚杰指出，儿童在游戏中，原有经验得到发展，一个重要的原因就是游戏为儿童提供了表达、探索的机会。在捕捉蚂蚁的过程中，儿童使用了多种方法，如用盒子罩住蚂蚁、用树枝挑蚂蚁、用树叶吸引蚂蚁，这体现了他们的游戏经验在从"已有经验"向"新经验"和"未来可能发展的经验"过渡。这一过程犹如一种强大的驱动力，促使儿童的经验不断转化与生长。绿野游戏中的这些经验正是支持儿童不断进步的源泉，也是儿童游戏水平不断提升的关键所在。

3.情感取向的经验建构

绿野游戏关注儿童友好性、愉悦性、主动性的行为。儿童通过在游戏中的情绪体验与情感表达，可以获得亲和的游戏态度、乐玩的游戏情感、积极的游戏状态。就如心理学家孟昭兰教授所说，情感和语言一样，是人类在社会生活中自然而然学会的，但它也和语言一样，需要学习和使用，掌握和修饰。因此，在绿野游戏中，儿童的情感发展是一个学习的过程，情感经验的积累则是这一过程中的核心环节。

> **案例展示：钓鱼**
>
> 在游戏分享环节，参与过钓"鱼"的孩子们都表示自制渔具压根无法使用。
>
> 孩子们纷纷抱怨："太难了。"
>
> "为什么钓不上来'鱼'呢？"我问。
>
> "水流来流去，把'鱼'推开了。"粟粟说。
>
> "渔竿不听我的，我轻轻一动渔竿，'鱼'也动了。"玛丽说。
>
> "我就成功了一次。'鱼'太轻了，会漂走。"悦悦说。
>
> "回形针好难对准'鱼'上面的洞呀！"屠屠说。
>
> "那可以怎么解决呢？"我追问。
>
> 孩子们陷入了沉默。
>
> 我说："想一想，我们在班级里是怎么玩钓鱼游戏的呢？"
>
> "老师，我想到办法了！"粟粟说，"可以在'鱼'上粘上磁铁，然后自制渔竿上的回形针就可以直接吸住'小鱼'了！"
>
> "我也是这么想的。"悦悦说。
>
> 于是，粟粟找来了一块圆形的小磁铁，然后用双面胶将它粘在"鱼"上，拿起自制渔竿一吸。哇，果然吸住了！这个方法非常有效。

钓鱼游戏通过情境创设唤醒了儿童的情感，激发儿童参与游戏的动机，从而使儿童在游戏中获得丰富的情感经验。儿童能积极地、友好地、愉悦地沉浸于游戏情境中，体验、感知并想象。同时，通过观察儿童在游戏中的投入程度，教师可以判断他们是否获得了积极的情感体验。

游戏样态的形成

儿童的经验是儿童在日常生活和学习过程中，与周围环境相互作用而获得和发展的。对于儿童来说，经验与游戏从来不是割裂的。游戏是促进儿童经验获得和发展的载体，而经验同样可以提升儿童的游戏水平。

绿野游戏在发展中，逐渐形成了反映积极乐观、主动友好的"绿野生活家"，自由、自主、开放、亲自然的"绿野小玩家"，好奇、好问、好探究，又拥有创新、创造能力的"绿野探索家"，以及注重情感表达的"绿野艺术家"四种游戏样态。儿童借助可视、可听、可触及的自然环境和游戏材料，展开对自然的探索。儿童在游戏中进行尝试与探索，并将这些宝贵的体验转化为内在的精神与力量，进一步充实自己的游戏经验。

1. 绿野生活家

当你积极向上，生活自会光芒万丈。生活家，即那些热爱生活的人，他们始终保持积极的心态，让生活充满阳光与乐趣，同时又不失条理与诗意。从摘菜、烧饭，到农作、灌溉，这些日常琐事在他们眼中都是自然界丰盈的馈赠。绿野生活家，不仅代表了一种积极向上、友善和谐的生活状态，更彰显了一种难能可贵的享受生活的能力。

> **案例展示：小象餐厅**
>
> 这天的绿野游戏中，诚诚来到餐厅，开始抱怨："我想吃红烧鱼，但是餐厅没有红烧鱼，那我不吃啦！"餐厅的菜品吃来吃去就这些，餐厅生意都受到影响了。于是，孩子们开始着手研发新菜品。

> 店长阳阳:"我们要找更多'食材',然后研发新的菜!"
>
> 妞妞:"好,美工区有很多贝壳,可以烧'海鲜汤'!"
>
> 臻臻:"农庄里有很多银杏果,也可以用来做菜。"
>
> 甜品屋的孩子们也来出主意:"还可以去'什么都有屋'里找一找!"
>
> 第二天,孩子们找来了很多东西,有石子、小木块、玉米、花生等,并捡了许多银杏果,装在罐子里。
>
> 店长阳阳一进厨房,就开始在石头上画鱼,他要做诚诚想吃的红烧鱼。
>
> 妞妞把贝壳和树叶等放到锅里,然后在锅里加水,进行翻炒。不一会儿,妞妞喊:"我做了'海鲜汤',大家快来尝尝吧!我加了很多贝壳,我妈妈就是这样做的。"
>
> 店长阳阳:"我们还有'三鲜汤'、花生、金橘柠檬茶、珍珠奶茶……"阳阳指着厨房里的"食材",嘴里不断地报出菜名。

在聚焦生活的游戏情境中,儿童用假想和创造的方式,演绎着生活中的片段,构建了积极、友好的角色游戏场景。这一过程不仅展现了儿童的天真烂漫,更体现了他们自立、自信、友好、乐观的绿野生活家品质。

2. 绿野小玩家

玩是儿童的天性和权利。在幼儿园阶段,游戏即玩,它让儿童在自然、开放的环境中自由奔跑、自主探索、自发合作,在细微之处捕捉自然的声音,体验纯粹的快乐。绿野游戏能让儿童与大自然进行亲密的对话,从而建立起与自然的联系,使儿童的心灵得到滋养与成长。

案例展示:奇趣野战营

> 这天,孩子们要把轮胎运到场地。有一个穿白衬衫的男孩子手扶着轮胎,但轮胎还是一直往下滑。
>
> 涵雅蹲下身,看了一会儿,说:"山坡太高了,所以轮胎会一直滑下来!"
>
> "那怎么办呀?"男孩子反问。
>
> 涵雅说:"不要着急,我去找一块石头!"涵雅在旁边的树林里走了一圈。大概两

分钟后,她拿来一块长方形的石头,将它垫在了轮胎的下面,但是轮胎还是往下滑。

男孩子开始叹气。

"看来石头还是不够大!"涵雅说完,就又去旁边的树林里找了一块更大的石头。这一次,她用手稳住石头,另一只手稳住轮胎,把石头卡在了轮胎下面,但轮胎还是滑下去了。涵雅尝试了很多次,还是不成功。

涵雅把石头竖起来放,终于将轮胎固定住了。

儿童在这种无拘无束的玩耍过程中,通过多次尝试与反复操作,与自然进行了亲密无间的互动。他们自主创造了多样化的游戏,沉浸其中,尽情体验作为绿野小玩家那份畅快淋漓、无拘无束的洒脱与喜悦。

3. 绿野探索家

儿童天生好奇、好动,他们总是会有各种问题,每个问题都是他们对世界的感知与探究,这些问题有趣而有意义。自然是世界上最大、最好的探秘场所。绿野游戏能使儿童保持好奇、持续探究、发现秘密。

案例展示:管里有"趣",引水入池

我问他们:"是啊,水管接好了,但是水还是流不进沙池,这是为什么呢?"

多多说:"最后一段管子架在沙池的台阶上,管子变高了,水才流不过去。"

小宇说:"水流太小了,才流不过去的。"

乐乐说:"我们可以用手扶一下管子。"

小宇说:"不行,那样太累了。我们可以把管子都垫得一样高,变成一个平平的'坡',水就可以流过去了。"

孩子们开始将铲子、竹筒、弯管等材料铺垫在现有的管子下,但是管子会从铺垫物上滑下来。

小宇说:"弯弯的管子太滑了。"

多多说:"我去拿平一点的材料垫在管子下面。"

孩子们说干就干,他们找来平平的积木、砖块等,将之前容易滑落的材料进行了替换。很快,大家就将"平坡"建好了,并进行了通水试验。

多多说:"这下总能通过去了吧!"

泽泽把水开到最大。只见水顺利地往前流去,但流到后面的时候,水越来越少,越来越慢,流到沙池只有几滴水了。

多多问:"水流得太慢了!"

泽泽说:"水太少了"

小宇观察了一下,皱着眉头说道:"我们的'坡'搭得太平了。"

泽泽说:"那我们把它搭得高一点吧。"

多多说:"那我们把管子搭成滑梯的样子,水就可以很快流到沙池了。"

一个简单的通水游戏,引发了儿童积极的"真体验"。儿童在探索、实践、讨论中发现了水管搭建的奥秘、水流与材料之间的关系等,获得了"真经验",展现了绿野探索家持之以恒的学习力和创造力。

4. 绿野艺术家

每个儿童都是艺术家,在他们语言表达能力尚未成熟时,常常喜欢用艺术的方式展现自己对世界独特的认识,对日常生活的想象,对周围事物的感受和内心的想法。绿野游戏能让儿童用全新的视角探索自然的美丽与奇妙,再进行表达与创造。

案例展示:树叶小人

绿野游戏的时候,彤彤将一片片小小的黄色树叶进行排列,围成了一个手掌大的镂空的圆,她说:"这是脸。"安安找来了五片小树叶,递给彤彤:"这几片树叶小小的,可以做眼睛、鼻子和耳朵。"彤彤一边接过树叶摆放在相应的位置,一边说:"再找一片红色树叶做嘴巴吧!"安安答应着,将红树叶递给了彤彤。彤彤将它横着放在"树叶小人"嘴巴的位置。一旁的淳淳也没闲着,她将三片细长的黄树叶摆成三角形,当作"树叶小人"的身体,将两片椭圆形的红色树叶放在三角形的两边,当作"树叶小人"的手臂,将两片黄色树叶放在三角形下面,当作"树叶小人"的腿。就这样,一个树叶小人完成了。完成后,三个孩子非常开心,拉着老师一起欣赏他们的作品。

德国哲学家黑格尔(G.W.F.Hegel)在《美学》中提出:"最杰出的艺术本领就是想象。"案例中的儿童凭借直觉展开了丰富的想象与创造活动,而这份敏锐的直觉离不开情感。一次树叶组合游戏,不仅直观、生动地展现了儿童充满想象的内心世界,而且强烈地体现了艺术性与情感性的交融,深刻彰显了儿童作为绿野艺术家所具备的独特理解力与非凡表现力。

绿野游戏的教师支持

LUYE YOUXI DE
JIAOSHI ZHICHI

> 我们对儿童所做的一切,都会开花结果,不仅影响他一生,也决定他的一生。
> —— 意大利教育家玛丽娅·蒙台梭利（Maria Montessori）

儿童是游戏的主人。游戏的引发、玩法、走向要以儿童的意愿为主。在绿野游戏中,教师是观察者、倾听者、陪伴者、支持者,也可以成为过程中的评价者。因此,在游戏中倾听儿童心声、遵循儿童意愿、即时反馈与评价、帮助儿童顺利进行游戏是教师的主要职责。

教师支持的三大阶段

在绿野游戏的开展过程中,为了方便对儿童进行支持,教师可以将游戏分成游戏引发、游戏展开、游戏结束三个阶段,在这三个阶段给予儿童不同的支持,从而有效提升游戏的质量。

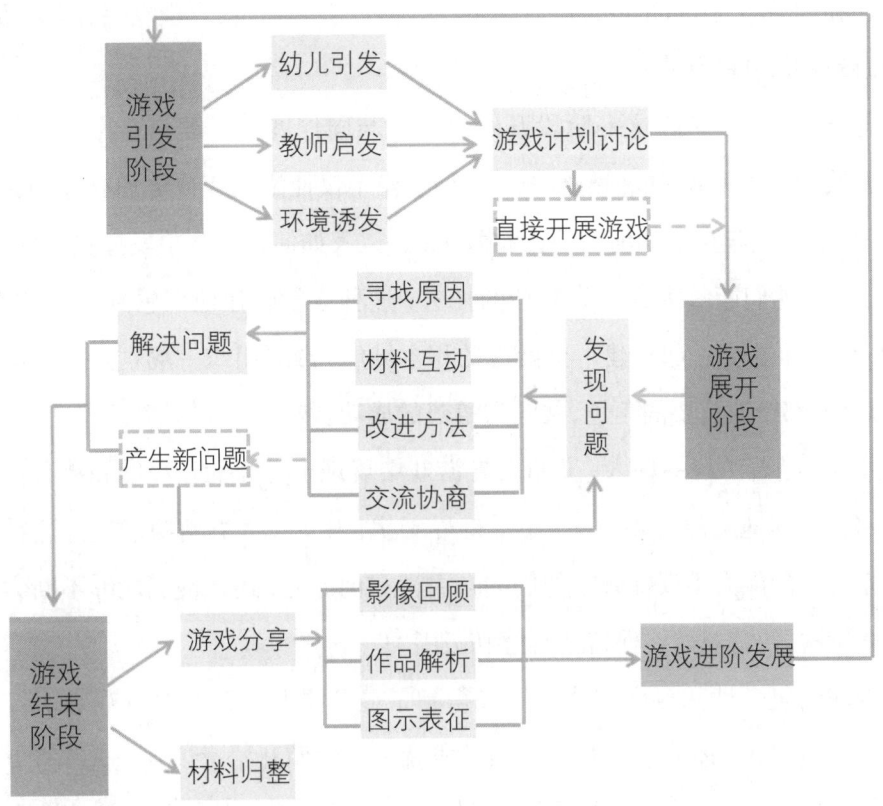

1. 游戏引发阶段

游戏引发阶段是游戏的起始阶段。在这个阶段，儿童开始选择自己感兴趣的游戏主题和材料，例如选择积木来搭建城堡，或是选择布偶进行角色扮演。然而，有些儿童对游戏的主题和内容并不十分明确，可能会处于旁观状态。此阶段，儿童间的互动相少，多数儿童更倾向于进行个人游戏，有的儿童可能会独自玩耍，或只是简单地观察他人游戏。因此，为了丰富游戏主题并促进游戏的顺利进行，在游戏引发阶段，教师需要基于儿童前期对游戏的兴趣，采用多样化的策略，引导儿童更快地进入游戏状态。

2. 游戏展开阶段

游戏的展开阶段是游戏主题不断丰富与深化的关键时期。在这一阶段，儿童从随意的探索逐渐转变为对游戏规则和玩法的熟练掌握，能够独立参与游戏，并逐步发展出具有连贯性的游戏情节和清晰的主题。他们开始展现出前所未有的自主性和创造力,比如儿童会扮演医生、厨师、顾客等角色,再根据兴趣和想象,不断为游戏增添新的元素。

与此同时,儿童在这一阶段开始更多地与同伴展开互动与合作。儿童共同商讨游戏规则,携手完成游戏任务,这种合作不仅让游戏变得更加有趣和具有挑战性,也让他们学会了如何与他人有效沟通,以及如何在团队中发挥自己的作用。通过合作,他们能够完成更为复杂的任务,这种成就感让他们感到自豪和满足。例如,他们可能会一起搭建一个壮观的积木城堡,或者组织一场别开生面的接力赛,每个人都扮演重要的角色,共同为游戏的成功贡献力量。

此外,随着游戏的深入,儿童会在游戏中展现出更高的专注度和持久性。他们能够长时间地沉浸在游戏中,不受外界干扰,独立思考并解决问题。这种专注和独立思考的能力不仅提升了他们的自主性和创造力,还让他们能够不断尝试新的游戏玩法,使游戏始终保持新鲜感和吸引力。

游戏的复杂性和深度在这一阶段得到了显著提升。儿童在游戏中不仅学会了如何解决问题,还通过游戏体验到了成就感。他们开始意识到,通过努力和合作,可以克服各种困难,达成既定的目标。这种体验会对他们的自信心和自我效能感产生深远的影响,让他们在游戏中不断成长和进步。

3. 游戏结束阶段

游戏结束阶段是儿童分享游戏经验的重要时刻。随着游戏活动的落幕,儿童的情绪逐渐从兴奋状态平稳过渡到安静或准备进行其他活动的状态。在这个阶段,儿童已经具备主动分享游戏经验和感受的能力,他们可能会在集体讨论中讲述个人游戏经历,或是在游戏结束后与同伴交流心得。他们运用丰富的语言描述体验,或采用表征的方式回顾游戏过程,分享自己在游戏中的发现、遇到的困难及解决方法。这样的交流不仅加深了儿童之间的理解和友谊,还增强了他们解决问题的信心,使他们既享受了游戏的乐趣,又获得了新的经验和知识。

与此同时,游戏结束阶段也是儿童归置玩具、整理场地的时间。这一阶段不仅教会了儿童整理和分享的重要性,还在潜移默化中培养了他们的社交技能、责任感以及自我管理能力。儿童在此过程中学会了如何对自己的行为和环境负责,进一步提升了个人综合素养。

教师支持的具体策略

当游戏成为儿童学习的方式时，高质量的游戏便成为促进儿童获取有益经验的关键。在绿野游戏中，教师的角色至关重要，他们是观察者、倾听者、陪伴者及支持者。因此，教师的核心职责在于倾听儿童的心声、遵循儿童的意愿，并助力儿童顺利进行游戏。为实现这一目标，教师需在绿野游戏的不同阶段为儿童提供针对性的支持，从而有效提升游戏的质量。

1. 游戏引发阶段的支持策略

儿童的兴趣、学习主题、季节变化、节庆仪式等都可成为触发游戏的契机。教师需通过观察儿童，敏锐捕捉其游戏兴趣点产生的时刻，并通过"关注"与"强化"等策略，推动游戏顺利成形。具体而言，教师可以鼓励儿童依据个人兴趣和疑问，积极发起并创造绿野游戏；同时，教师还可以利用多样化的材料，构建一个隐性的绿野游戏环境，促进儿童与材料的互动，让儿童主动发起绿野游戏，并自主讨论游戏的实施方式。

例如，儿童在幼儿园里发现了西瓜虫、蚂蚁、蚯蚓、蜗牛等形形色色的动物，并产生了极大的探究兴趣时，教师可以让儿童介绍自己发现这些小动物的过程，并说出自己的发现，还可以提问"你想知道这些小动物的什么信息""你怎么才能发现更多小动物的秘密"等，由此引发绿野游戏。

而当发现儿童长时间处于游戏主题单一、游戏情节简单的游戏状态时，教师则可以采用"场景先行""任务驱动""计划导向"三个策略。

（1）"场景先行"策略

"场景先行"策略是指教师利用自然环境或游戏材料，引导儿童观察并感受自然场景的整体与细节变化，引发儿童在场景中自由发挥想象，开展游戏与行动。

例如，在游戏"秋日拾趣"中，教师可以引导儿童在户外活动时关注幼儿园里的各种树叶相继变色、飘落的现象，并让儿童在自然环境中自由探索、尽情发挥，由此引发一系列与树叶有关的游戏。

（2）"任务驱动"策略

"任务驱动"策略是指在儿童自愿的基础上，教师可以基于儿童的游戏状态，引导儿童根据需要聚焦游戏主题，按照游戏主题深入展开游戏。

例如，在游戏"秋日拾趣"的开展过程中，教师可以仔细观察儿童的游戏兴趣和最初的游戏行为，通过引导儿童进一步观察落叶，提出针对性的问题，激发儿童带着各自的目标，在幼儿园的草地上、大树下、山坡旁、水池中、菜地里寻找秋天，再通过捡树枝、拾落叶、找石块、拾果子，并装进各色的篮子、袋子、箩筐里，来把秋天带进游戏。

（3）"计划导向"策略

"计划导向"策略是指在游戏初始阶段，教师要做好初步的设想与规划，为游戏的深入展开做铺垫。教师可以引导儿童根据自己的游戏兴趣做好游戏设想，引发儿童的畅想与系列游戏活动。

例如，在开展户外积木区的"造船"游戏前，教师先引导儿童做好计划，并根据计划准备好相应的材料。第一次游戏，儿童的计划是独自搭建，但是他们在游戏中发现独自搭建不能完成任务，于是就提出了合作游戏。第二次游戏前，教师引导儿童进行合作、分工、落实，但教师在游戏中发现，儿童有分工，却没有合作。于是，教师决定让儿童学习合作的细节。第三次游戏前，教师引导儿童根据各自的优势来承担任务，在落实自己的任务的同时关注他人的情况，对他人给予必要的帮助。就这样，在有计划、有准备的游戏中，儿童一步步地发现问题、商讨对策、落实想法。

2. 游戏展开阶段的支持策略

当儿童全身心地沉浸在自主游戏中时，或与同伴的想法出现争议时，教师可以用"抓焦点"的方式，通过"察言观色""渗透点拨""平行示范"等多样化的策略支持儿童自主发现问题、寻找原因、展开讨论、解决问题，用记录、互动的方式帮助儿童增加与材料的互动、改进方法、拓展游戏思路。

(1)"察言观色"策略

教师要了解儿童游戏的意图,就要在儿童游戏展开时学会倾听,既要全面倾听儿童对不同事情的表达,又要倾听不同儿童对同一件事情的表达,还要给儿童表达自己想法的时间和机会,再通过追问等形式让儿童将自己的想法和意愿完整地表述出来。教师要观察儿童在游戏中的表情、动作,从而准确、全面地了解儿童游戏的真实意图。

例如,在游戏"摘杨梅了"中,教师始终观察、倾听、支持着儿童,跟随儿童一起亲历真实场景、面对真实问题、展开自主游戏,满足他们的想法。当儿童想吃地上的杨梅时,教师可以引导他们分辨能不能吃;当儿童想摘树上的杨梅时,教师可以引导他们分辨什么样的杨梅是成熟了的杨梅,怎么用科学的方法摘下杨梅;当儿童出现危险的行为时,教师要及时介入。

(2)"渗透点拨"策略

在绿野游戏中,渗透点拨作为一种关键教育手段,旨在通过精细的引导和启发,推动儿童在游戏中主动学习与发展。这一策略的实施,首先依赖于教师对儿童游戏行为的细致观察。通过观察,教师深入了解儿童的兴趣点、能力层次及游戏需求,从而精准识别他们在游戏中的困惑、挑战及成长潜力,为后续的点拨提供坚实基础。

在游戏进程中,教师需精准把握介入时机。当儿童遭遇难题或陷入困境时,教师应适时介入,通过提问、示范或提供适宜材料等方式,引导儿童自主探索解决方案。这种适时的介入不仅有助于儿童克服难关,更能激发他们的探索欲望与创造力。

在具体操作中,教师应注重启发与引导,通过提出开放性问题,鼓励儿童尝试新方法并提供必要支持,激活儿童的思维与创造力。同时,教师还需关注儿童的情感体验,给予正面反馈与鼓励,使他们在游戏中体验成功的喜悦,增强自信心。

鉴于每个儿童都是独一无二的个体,他们在游戏中的表现与需求各异,教师在渗透点拨时需充分考虑儿童的个体差异,依据其兴趣、能力及需求进行个性化指导,以满足不同儿童的需求,促进他们的个性化发展。

例如，当游戏"农庄超市"中出现角色空缺导致营业中断时，教师可以以顾客身份介入游戏，通过提问引导儿童思考解决方案。又如，在秋日落叶丰富的自然环境中，儿童利用树叶进行创意游戏时，教师可通过适时提问的方式，进一步拓展儿童的游戏思路，激发他们的创造力与想象力。

（3）"平行示范"策略

在绿野游戏中，教师对每个儿童的兴趣点、社交互动模式及其在游戏中遇到的挑战进行细致观察后，可以运用"平行示范"策略提供指导。这种策略的核心在于，教师参与游戏但不直接指示儿童如何玩，而是通过模仿儿童的行为或在附近进行类似活动，激发儿童的思考、探索欲和游戏兴趣，从而更有效地支持儿童的学习和发展。

以儿童搭建城堡为例，当教师观察到儿童的建构活动仅限于单层叠高，且在搭建围墙时只是简单地将积木延长、连接时，教师的介入并非直接传授技巧，而是在儿童旁边同样进行围墙搭建，通过示范不同的建造方法或问题解决策略，自然地引导儿童模仿和学习，促进儿童自我探索能力的提升。

3. 游戏结束阶段的支持策略

在游戏结束阶段，儿童通常会分享他们的游戏经历，这一环节为他们提供了阐述个人见解、交流内心感受以及提炼游戏策略的重要机会。教师应积极引导儿童聚焦于游戏中的核心话题进行深入讨论。为此，教师可以灵活运用多种策略，包括"影像回顾""作品解析""图示表征"等，帮助儿童回顾游戏场景与细节，解决儿童在游戏中遇到的难题。教师协助儿童分享、整理并升华他们的游戏经验，能够使他们清晰地了解解决问题的方法，同时启发他们创造出新的绿野游戏内容或激发他们新的游戏兴趣。

（1）"影像回顾"策略

在儿童游戏的整个过程中，教师可以利用相机或手机记录下儿童在游戏中的每一个精彩瞬间，这些瞬间应涵盖儿童合作解决问题的场景、创造性地使用游戏材料的时刻，以及儿童之间的互动交流。在记录时，教师应尽力捕捉儿童自然的表情与动作，确保真实的游戏场景和儿童的自然反应得以保留。

在游戏结束阶段，教师可以引导儿童表达自己的感受与想法，鼓励他们分享游戏中的体验与收获。具体而言，教师可以引导儿童讨论游戏中的亮点，如他们是如何克服困难的、如何与同伴有效合作的等。此外，教师也应引导儿童思考游戏过程中可以改进的地方，比如如何更高效地利用游戏材料、如何提升游戏的趣味性等。通过这种方式，儿童不仅能回顾自己的游戏历程，还能学会有效地表达自己的观点，分享经验，并在此过程中提升反思能力。

（2）"作品解析"策略

在游戏结束阶段，教师可以依据儿童创作的多样化作品来开展后续活动。这些作品不仅包含传统意义上的建构作品与手工作品，还涵盖了立体的堆塑、搭设，以及平面的拼摆、组合等，甚至是儿童对自己游戏过程的一些描述。通过对这些作品的深入分析，教师能够洞察儿童在游戏过程中积累的多维度经验及潜在问题，进而提供精准的支持，推动儿童游戏的深入发展。

以在沙池中进行的"引水入池"游戏为例，儿童在游戏中思考如何铺设管道，确保水能够顺畅地流入沙池。在此过程中，教师可以引导儿童在搭建的管道旁进行交流与分享。分享时，教师应根据儿童的讨论内容，帮助他们识别并呈现搭建管道中遇到的问题，如水管的高低、顺序、衔接方式等，这些问题会直接影响水流的顺畅性。同时，教师还需在儿童的表述中捕捉问题的关键点，与儿童共同商讨解决方案，如在水管下垫物体以增加高度，选择合适的物体来稳固水管，以及按照"高上低下"的原则衔接水管等。通过这样的方式，教师不仅能够促进儿童游戏的深化，还能提升他们解决问题的能力。

（3）"图示表征"策略

游戏中的各类记录与游戏结束后的图示表征，详尽地记录了游戏流程，儿童采用的方法、遭遇的问题以及儿童的感受，这些记录深刻展现了儿童在游戏中的个性化印记，是儿童对经验的初步系统性的梳理。

在游戏结束阶段，当儿童向同伴和教师展示自己的表征并介绍时，他们实际上是在进行第二次经验整合与分享。此外，教师还能借助这些图示表征，引导儿童进行自我反思，如提出"通过游戏，你发现了哪些新内容？""你对游戏有什么新的思考?"等问题,以此帮助儿童基于已有经验,构思符合个人意愿的游戏计划,为下一次游戏做好周全准备。

以游戏"摘杨梅了"为例,游戏结束后,教师鼓励儿童以图示的形式表征自己在游戏中的发现,以此作为交流分享的一种手段。这些表征可以涵盖"对掉落杨梅食用性的看法""摘杨梅的正确步骤""利用杨梅开展的创新游戏"等内容。通过这样的表征活动,儿童能够梳理游戏思路、提升经验。

嵌入式评价

嵌入式评价是一种贯穿于儿童游戏始终的过程性评价方式,其主要以教师为评价主体,在游戏的三个阶段分别巧妙地嵌入预设的评价环节。这一评价方式会巧妙结合评价工具、选择适宜时机及采用恰当方法,对儿童的行为表现进行即时的诊断与评估,旨在核查和评判儿童是否达成既定的发展目标。此外,嵌入式评价还强调基于儿童行为表现做出即时反馈,灵活调整支持策略,从而有效促进儿童的全面发展与优质成长。

1."三嵌三循"的评价要点

绿野游戏的评价从观察儿童游戏情况出发,了解儿童在游戏中的具体表现与

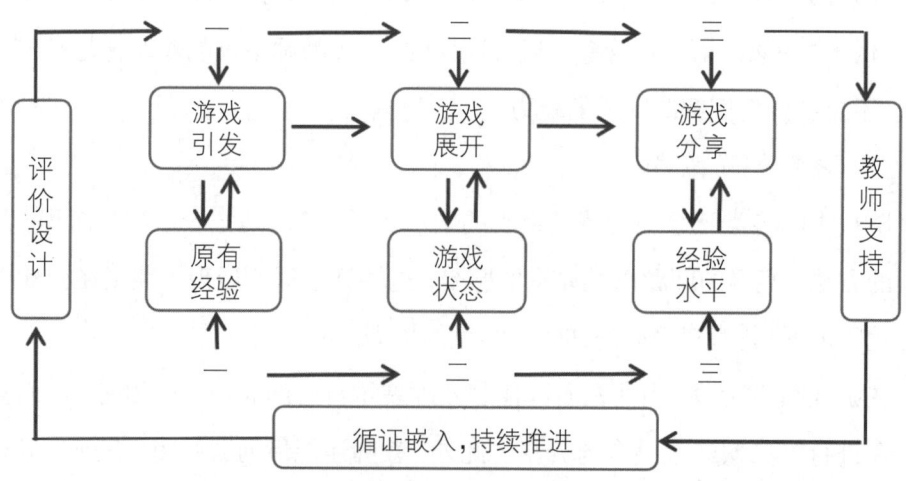

"三嵌三循"游戏评价流程

真实意图,以"三嵌三循"的评价形式展开。"三嵌三循",即通过"嵌"游戏引发、游戏展开、游戏结束,来"循"儿童的原有经验、游戏状态、经验水平,便于教师提供适宜的跟进支持。

(1)"一嵌一循":"嵌"游戏引发,"循"原有经验

在儿童游戏中,游戏引发常常以捕捉儿童的自然游戏兴趣为起点,同时,由成人主动引导的游戏也能有效激发儿童参与游戏的欲望。在游戏引发阶段,教师通常扮演第三方的角色,通过"关注""强化"和"促进"等手段来推动游戏。在此过程中,教师能够细致观察儿童的行为举止、交流语言以及涂鸦作品等可视化信息,从而准确捕捉儿童对于即将展开的游戏所具备的原有经验和潜在兴趣。

在游戏引发阶段,儿童所展现的原有经验主要聚焦于认知层面,包括其对游戏中涉及事物的概念理解、关系认知以及价值判断。不同经验水平的儿童在此阶段会呈现出多样化的行为表现。教师可以在此阶段细致记录并分析儿童的原有经验,为后续游戏的深入发展在时间、空间及物质资源上做好充分的准备。同时,在游戏萌芽之际,儿童的情绪状态也不能忽视。愉悦且主动的情绪不仅能显著提升儿童的满足感,更能推动游戏质量向更高层次迈进。嵌入式评价尊重儿童的个体差异,在游戏进程中真实、客观地洞察每一个儿童的发展轨迹。

游戏案例:奇"石"妙想

游戏情况:这是发生在户外区域——绿野草地上的故事。在草地上,老师创设了两个户外场景,用于摆放丰富的材料:架子、竹箩筐、竹筒、放大镜、亚克力花球,还有各种各样的石头。这个自然、开放的环境,仿佛向孩子们发出了无声的邀请,吸引了他们的注意。他们拿起石头摸一摸、看一看、敲一敲,发现每一块石头都是不同的。孩子们在和石头的游戏中,发生了一系列有趣而有意义的故事。

"一嵌一循"记录表

游戏实录	评价分析
孩子们来到"石头世界",迫不及待地拿起石头玩了起来。楚楚用石头在草坪上铺了一条小路,她笑着对我说:"老师,你看,这是我的石头小路!"晗晗拿起一块石头看了看,发现这块石头比较圆,就让石头在地上滚了起来。这时,书允看见了,也拿起一块石头在地上滚起来。	楚楚情绪愉悦,能主动、积极与成人交往,且对物质的特性、关系有清晰的认知;晗晗熟练掌握了平铺、延伸的技能,能与同伴友好交往。 情感取向——主动发起游戏,且具有探索精神。 认知取向——知道圆圆的石头能滚动。
这时,我发现梓栋把挂在诱导区的图片拿了下来,模仿图片中的方法,用石头拼出了圆形、方形。接着,他想挑战拼心形。他很快就拼好了,看了看说:"这好像不是爱心呀!"梓栋看了看图片,跑到诱导区,拿来一根稻草绳。他将稻草绳在地上围出爱心的形状,然后用石头沿着绳子拼出了一个爱心。	梓栋通过探究、创造来开展游戏,表现出了乐于探索的游戏精神。 认知取向——熟练掌握圆形、方形的图形特征,并用石头正确表征其形状。 能力取向——能挑战不规则的心形;通过图片、材料等来辅助自己达成目的。
书允也拿着一张图片想尝试用石头叠高。只见他很快拿了三块石头,先在最底部放了一块石头,接着将第二块叠上去。可是,第二块石头一放上去就滑了下来。书允重新将石头叠上去。这次,他用手扶着第二块石头,过了一会儿才松手,第二块石头就叠上去了。接着,他用同样的办法叠第三块石头,这次,他也是小心翼翼的。可是,他的手一放开,第二块和第三块石头就一起掉了下来。书允再次尝试堆叠,可总是失败。经过四次尝试,书允逐渐失去信心,他很沮丧地对我说:"老师,我的石头总是掉下来,我都叠很慢了,还是会掉下来!"	情感取向——书允通过多次尝试,先是坚持,后是沮丧,他大胆地表达了自己内心的感受。 认知取向——叠高失败是因为书允游戏经验的缺失,他对石头的特性的认知还不够丰富。

至此为止,是游戏"奇'石'妙想"的引发阶段,案例中出现了四个儿童。通过记录可以看到,每个儿童在遇见石头时会有不同的行为表现,这也让教师真实地了解到对于石头,不同儿童有不同经验,不同儿童有不同玩法。在"一嵌一循"环节,教师能清晰地看到每个儿童在认知、能力、情感取向上的关键经验点,这也为

每个儿童在游戏推进中获得新的经验做了铺垫。

（2）"二嵌二循"："嵌"游戏展开，"循"游戏状态

游戏展开，是整个游戏的主干部分，是儿童与环境、材料、同伴自然发生的所有的游戏行为。在游戏过程中，游戏情节的发生和开展，同伴间的合作行为和问题的解决，儿童情绪情感的体验和变化，都是循证儿童游戏状态的关键内容。通过循证游戏状态，儿童在游戏中的行为评价也就可视化了。

游戏展开的时候就是评价嵌入的时机，儿童的游戏状态就是教师实施评价的依据。教师在观察并记录儿童在游戏中的行为后，可以依据这些描述对儿童的知识取向、能力取向和情感取向进行过程性评价，并即时通过各种方式为儿童提供游戏支持。

> **游戏案例**：管里有"趣"，引水入池
>
> 游戏情况：幼儿园里有一个小水池，非常受孩子们欢迎。水池里有数不清的小蝌蚪和小鱼，小鸭也会来这儿戏水。这天，然然来到小水池旁："哇，幼儿园的小水池真好看，里面还有小蝌蚪，我也想在沙地挖一个小水池。谁想和我一起做一个水池？"几个孩子纷纷响应，他们准备在沙地里挖一个小水池。
>
> 制定计划：游戏开始前，几个孩子就"要挖一个怎样的水池"进行了讨论；在制定计划时，孩子们各抒己见，讨论了如何分工、谁来做组长；最后，孩子们用"黑白配"和"剪刀石头布"来决定各自的任务。
>
> **"二嵌二循"记录表**
>
> | 活动名称 | 游戏实录 | 评价分析 |
> | --- | --- | --- |
> | 水池"变形"之初 | 孩子们开始挖沙了。挖了三分钟，然然说："等等，你们挖的是什么形状？"大家挖的坑不太规则，看不出是什么形状。"我们说好要挖圆形的水池，我给你们画个圈。"然然握住铁锹，用铁锹尖尖的一头在沙子上画出印记，一边走一边画，画出了一个圈。"好了，我们就按照这个圈来挖。"<br>"我和烨烨站在里面挖，你们在外面挖。"两个孩子跳进坑中，两个孩子站在坑外，互相配合，不到五分钟，一个圆形的坑就挖出来了。 | 孩子们在游戏中分工明确，以然然为主导，其他孩子协助。
孩子们都积极投入游戏，为游戏献计献策，且非常清楚自己在游戏中的任务，合作、协商，共同"工作"。 |

续表

活动名称	游戏实录	评价分析
四探垫底材料	（第一次）"我们试试沙子能不能接住这些水。"六六喊道。 　　六六用矿泉水瓶接了一瓶水，从高处倒入沙地，水一下子就渗进沙子里了。 　　（第二次）"这一次我们用石头吧。"六六又有想法了。 　　"石头能行吗？石头之间会有小缝隙。"诗蕊说。这一次六六的尝试仍然没有成功。 　　（第三次）"这个可以吗？"然然找到一个编织袋，把编织袋放在沙坑里。 　　"我去灌点儿水试一下。"六六又接了一瓶水，倒进沙坑里。水在沙坑里停留了几秒钟，然后渗了下去。 　　（第四次）"用塑料袋吧，塑料袋肯定不漏水。"然然拿起塑料袋，铺在水池里。六六尝试后发现塑料袋能接住水。可是，一个塑料袋远远不够，怎么办呢？他们想到了班级里有用来装向日葵苗的塑料袋。孩子们将塑料袋拿来后，用剪刀将塑料袋剪开，再铺到沙坑里。	孩子们具有科学探索精神。他们经历了多次尝试，从直接倒水到用石头接水，再到用编织袋接水，最后用塑料袋接水。孩子们不断猜测、验证，在实践的过程中直接感知、亲身体验、实际操作，最终找到了合适的材料。 　　孩子们链接了生活，利用了多种工具、材料。 　　孩子们在实践中了解了沙、水的特性，获取了新认知和新经验。
水池蓄水之旅	铺好材料后，几个孩子拿上工具去接水。刚开始，诗蕊和烨烨用浇水壶灌水，六六和然然用竹筒接水。过了几分钟，六六看到了沙地里的大号矿泉水瓶："看，这里有个'大胖子'，我用它接水吧。"六六拿起矿泉水瓶接水，倒入沙坑。诗蕊和智鹏也找来了矿泉水瓶接水。大家你一趟，我一趟，将水运送到沙坑，直至沙坑蓄满水。	孩子们在游戏中善思、乐探，他们用多样的材料蓄水，最后获得了成功。
	蕊蕊问我："老师，我们等会儿能不能用笔画条鱼？"我点点头。蕊蕊和然然从教室拿来了笔，又找来了树叶，用笔在树叶上画小鱼的眼睛和鱼鳞。然后，他们将"树叶鱼"放进"水池"中。	孩子们的游戏充满了创意，他们的情绪愉悦且能够自信地表达自己的想法。

"二嵌二循",是在游戏展开阶段嵌入评价,教师收集、记录儿童在游戏中的行为表现,以循证儿童的游戏状态。此案例中可以看到,儿童在自发游戏中情绪愉悦且全身心投入,这是游戏的高阶状态。在游戏过程中,儿童不断遇到问题,他们通过运用生活经验,尝试新策略,不断调整并改进这些策略来合作解决问题,最终体验了成功的喜悦。

循证包含两个方面:一是以儿童实际展现出的行为作为评价的直接证据;二是就评价的指标体系进行细致检核与比对,对儿童游戏状态进行分值评定,以获取客观、全面的评价结果。随后,教师可以根据这些评价结果,为儿童后续游戏的深入与推进做好充分准备。

(3)"三嵌三循":"嵌"游戏结束,"循"经验水平

在评价流程中,"三嵌"模式将游戏分享环节设定为关键的嵌入节点。游戏结束后要进行分享的时候,儿童可以将教师提供的游戏现场照片、视频资料以及自己在游戏中完成的作品作为实证材料。教师可以通过与儿童互动的方式,对儿童在游戏中获得的具体发展进行评估。

这种嵌入式的评价,既是重要节点性评价,也贯穿儿童发展的整个过程之中。通过如此循环往复的评价机制,儿童可以在游戏中不断积累经验,实现能力的逐步提升。

> **游戏案例:家**
>
> 游戏情况:孩子们在户外建构游戏中,先后进行了6次持续性的搭建活动,分别是"倒塌的'家'""小小的'家'""矮矮的'家'""高高的'家'""不同的'家'""快乐的家"。在每一次建构游戏结束后的分享环节,老师和孩子们共同发现问题、探讨解决方案,并最终达成共识,以此推进孩子们搭建活动的进程。与此同时,孩子们的情境性游戏也在这一过程中产生了。老师通过记录、拍摄等手段收集孩子们的游戏行为,以便采用适宜的方式进行支持,促进他们能力的提升。

"三嵌三循"记录表

活动名称	游戏记录	关键提问	儿童发展
倒塌的'家'	老师运用拍照、录视频等方式进行记录，再用行为分析法对这些材料进行分析。	1.游戏中发生了什么事情？ 2.你觉得房子为什么会倒塌？ 3.有什么方法可以让房子变得更牢固？	1.会使用熟悉的材料进行建构游戏。 2.精细动作发展不够，稳定垒高的能力有待提高。 3.能够积极参与话题讨论。
小小的'家'	有了"家"，孩子们可以邀请客人来。可是"家"太小了，无法容纳很多客人。	1.如果要让客人进来，"家"要有多大呢？ 2.怎么样的"家"才会受大家欢迎？	1.能主动反思建构作品存在的问题。 2.能主动解决问题，且愿意动手尝试。 3.会用丰富的肢体语言和摆弄实物的方式来表达自己的想法。
高高的'家'	本次游戏，老师通过现场观察、影像记录，真实地还原了孩子们在游戏中的行为表现和游戏过程。游戏分享环节推进了游戏，出现了"喝茶""吃点心"等游戏情节。	1.关于这次的成功，你们有什么好的方法要分享吗？ 2.今天，让你们最开心的事情是什么呢？	1.游戏情节不断丰富，孩子们搭建好的作品成了角色扮演游戏的场景。 2.孩子们的建构技能不断提升，还有了丰富、高质量的游戏计划，而且计划和作品之间有着比较密切的关联。

"三嵌三循"以收集儿童原有经验、观察儿童游戏状态、促进儿童经验积累为评价的证据。在绿野游戏中，儿童的经验取向主要表现在三个维度，即知识取向、能力取向、情感取向。在游戏案例"我们的家"（建构游戏）中，儿童对"家"的情感需求引导着他们在失败后继续尝试，进而丰富了游戏的情节。在游戏过程及分享环节中，儿童积极与同伴分享了自己的经历，他们绘声绘色的表达正是游戏赋予他们的情感上的宝贵经验。此外，儿童在建构活动中融入了对建构对象形体、数理空间等认知关系的理解，并在此过程中发展出角色扮演的游戏。这样的活动不

仅体现了儿童的探索精神,还促进了他们创造力与思维能力的发展,即乐于探究、善于思考的能力。这一评价体系,促使儿童的新经验不断重构与积累。

2."三嵌三循"的循证方法

循证,字面意思为遵循证据,是指遵循或基于现有的最佳证据来进行决策或实践。循证这一概念最早源自医学领域,后被广泛应用于教育学、社会学等领域。在绿野游戏中,循证指的是运用多样化的方法来准确记录儿童真实、即时的游戏行为、对话及情节。这一过程要求教师采用适当的方法或途径,收集儿童在游戏过程中产生的语言、行为、作品及表征等,以此作为分析和评估的相关证据。

结合一线教师的实践经验和案例梳理,我们归纳出六种采集证据的方法,分别是现场观察与记录法、对话法、作品收集法、游戏分享法、电子档案编制法和影像采集法。

(1)现场观察与记录法

现场观察与记录法是教师在游戏现场观察儿童的行为表现,通过实录的方式将游戏过程白描式地客观记录下来。此方法经常被教师使用,也是教师最容易开展的。在使用现场观察与记录法时,需要注意的是,白描记录不能掺杂观察者的个人想法,不能有观察者的主观描述,而是要清楚记录儿童游戏行为发生的时长、次数,儿童真实的表情以及语言,这样才能得到客观的分析,获得最为真实的证据。

(2)对话法

对话法是教师在游戏现场观察儿童的行为表现,通过陈述看到的儿童游戏行为,平等地发起对话,与儿童进行信息交流,倾听儿童的想法、观点,并在此基础上进行思考、分析和探讨,深入了解儿童的思维方式、情感需求、学习态度。对话法对于推动游戏情节发展及促进游戏分享环节的互动至关重要,它同时也是增强儿童语言表达能力和逻辑思维能力的有效手段。以游戏"蝌蚪朋友"为例,儿童分享自己的想法,教师则耐心倾听不同儿童讲述的捕捉小蝌蚪的游戏故事,包括成功的喜悦、不成功的遗憾、捕获方法的介绍以及失败原因的分析等。这一过程中,教师收集到的证据不仅反映了儿童的认知经验和能力发展水平,还更深层次地反映了儿童在游戏后的情绪体验。通过用心倾听和平等对话，教师与儿童之间产生了情感共鸣，每个儿童都有机会对自己的经验进行梳理和反思。这些通过对话法获得的循证材料，也为教师提供了宝贵的评价依据。

（3）作品收集法

作品收集法是教师采集儿童在游戏中创作的作品，如游戏故事等作为评价依据。不同样态的作品都能深刻反映儿童的经验积累情况，同时也为教师洞察儿童个体差异提供了客观视角。在持续性的游戏观察中，教师能够清晰地识别出每个儿童的兴趣差异。儿童的作品不仅有助于教师更加全面地了解每个儿童的独特性，还能让教师根据不同儿童的兴趣给予针对性的支持和引导，确保每个儿童都能获得新的经验。

（4）游戏分享法

游戏分享法是教师引导儿童讲述、讨论并分享他们的游戏过程，包括在游戏中获得的宝贵经验、遇到的难题与挑战，以及解决问题的策略。游戏分享不仅能让儿童表达自己的见解和创意，更能让儿童接收信息，丰富自身经验。分享促进了儿童自我反思能力的发展，是他们学习过程中不可或缺的一环。以游戏"制作太阳能发电机"为例，儿童在分享时表现得尤为积极，他们热衷于展示自己在游戏中的新发现、尝试后的成功与喜悦，同时他们也耐心倾听同伴的分享，并乐于提出中肯的建议和意见。这种高质量的同伴间或师幼间的互动，不仅促进了儿童认知经验、能力经验的深化，还通过作品创作、语言表达、表征呈现等多种方式，全面展现了儿童的学习成果。这些真实而生动的分享内容，为教师评价儿童游戏关键经验的发展提供了最为可靠的依据。

（5）电子档案编制法

电子档案编制法是教师依托线上平台，采用现代化手段随时记录、储存儿童的游戏行为，形成个性化的儿童游戏证据档案。

（6）影像采集法

影像采集法是教师通过使用录像、摄影、录音等方式，记录儿童在游戏中的行为表现和游戏过程。这种采集方法最为常见，能比较真实地还原游戏现场，教师可以重复观看,然后分析儿童游戏行为中的细节。

3."三嵌三循"的评价主体

"三嵌三循"就是使用证据分析、了解游戏中儿童发展状况,进而对儿童游戏提供相应的支持,以促成儿童游戏经验的叠加与提升。教师、儿童、家长均可以是评价的主体。

(1)教师

策略支持:在运用证据进行评价时,教师应基于儿童当前状态与预期发展指标之间的差距,制定并实施相应的支持策略,以推动游戏进程,并促进游戏内容的丰富与创新。

自我反思:经过多次循证评价后,教师应将本次分析所得的结论与上一次的进行对比,审视上次采用的支持策略是否有效促进了儿童的正向发展。这一过程将促使教师进行深入反思,评估上次评价中的证据分析是否足够科学与全面,以及所采取的支持策略是否恰当且有效。

儿童发展评价:教师要系统地梳理与分析收集到的证据,从而明确儿童当前的发展状况。通过构建多指标下的线性发展评价体系,教师能够直观地展现儿童发展的进阶性、全面性,以及目标达成情况,确保儿童成长的每一步都清晰可见。

(2)儿童

自我游戏回顾:儿童根据照片、视频等证据,描述自己在游戏中的经历、意图、体验、感受、遇到的问题等,深化认知、情感、技能上的原有经验。

游戏问题解决:儿童聚焦视频、照片等证据中所反映的自己在游戏中遇到的问题,针对问题进行猜测、推理、分析、验证,解决问题,自主推进游戏。

自我评价形成:儿童根据自己游戏的证据,对自己的言行进行评价;观察、比较、分析他人与自己的游戏证据,做出自我评价;了解其他儿童、教师对自己的评价,最终形成自我评价。

(3)家长

家长也是儿童成长发展的评价者,儿童的发展更是家长关注的焦点。家长作为观察的另一个关键主体,其观察的目的是什么?家长如何观察游戏中的儿童?

观察什么内容？这些都是家长需要明确的。幼儿园要给家长提供相应的明确通道、观察方法，让他们切实看到绿野游戏对儿童成长的意义，获得亲子间互动的机会，欣赏儿童在游戏中展现出来的品质。

现场观察：游戏现场是最能清晰看到儿童游戏行为与状态的。幼儿园可以利用"家长开放日"活动，由教师向家长进行观察内容、观察方法方面的培训。观察结束后，幼儿园可以组织沙龙，让家长就他们在观察过程中记录下的儿童行为或游戏情节与教师进行深入交流。通过这样的活动，家长能够根据评价表单中的描述，对自己观察到的儿童游戏行为进行准确解读，并对幼儿园提供的游戏环境、游戏场域以及游戏材料等进行评价。这样的活动还能增进家长对儿童游戏这一基本学习方式的理解与认同。

××学年第×学期××班游戏观察记录表（部分）

亲爱的家长：

您好！感谢您在百忙之中抽空参加幼儿园的"家长开放日"活动，为了使您清楚地了解自己孩子在幼儿园的情况，我们希望您在游戏中针对以下几个问题进行有目的的观察和记录。让我们共同努力，培养孩子良好的学习习惯和学习能力。

班级：	幼儿姓名：			
观察节点	观察内容	幼儿表现（打"√"）		
		☺	😐	☹
户外自主游戏	1. 会积极参与游戏，兴趣浓厚，积极性高			
	2. 乐意与同伴合作游戏，游戏后会主动整理材料			
	3. 会认真倾听并与同伴交流，能积极分享过程和问题			

视频观察：拍摄是家长青睐的一种记录方式。幼儿园可与家长合作，双向提供、收集儿童的游戏片段，并上传至线上的家校互动平台。在平台上，教师会描述游戏内容，并进行示范性质的行为评价，家长也能针对记录进行深入的解读与

分析。这种记录、评价的方式,赋予了家长在时间与空间上的更大的自由度。同时,平台上还设有相应的评价指标,有助于家长在参与评价的过程中逐渐提升精准度,更加敏锐地捕捉儿童游戏行为背后所蕴含的成长信息与价值。

游戏案例分析:幼儿园通过教师提供的个体游戏案例,利用线上沟通、面谈等多种渠道,积极邀请家长参与儿童游戏的评价。游戏案例能帮助家长细致观察儿童在认知、能力、情感取向等具体方面的行为表现及变化,从而捕捉儿童动态、线性的成长轨迹。

以教师为主导,儿童与家长共同参与的嵌入式评价,不仅在形式上展现出了开放与自然的特性,更充分尊重了每个儿童的发展规律。这种评价能让每个儿童都能在其独特的发展节奏上自由成长,从而获取成长过程中所必需的关键经验。

故事篇
GUSHI PIAN

绿野生活家

LUYE SHENG HUOJIA

摘杨梅了

（由叶凌燕老师提供）

游戏背景

夏天来了，生态小农庄里的果子陆续成熟了。树上、草丛里，到处都可以看见大大小小、颜色各异的果子。孩子们围绕果子，展开了游戏……

游戏实录一：这是什么果子

一个梅雨季节的周末过后，孩子们一来到生态小农庄，就有了新的发现。

涵涵激动地喊："快看，地上长出新果子了！这是我们上次摘的覆盆子吗？它们好大呀！"

扬扬不同意："它们和覆盆子的大小不一样，颜色也不一样，有的红，有的青。我之前看到的覆盆子可都是红的。"

大家走近了仔细一看，原来是杨梅从树上掉下来了。

悦悦问："掉在地上的杨梅可以吃吗？我好想吃。"

好几个孩子都点头应和,表示也想尝一尝。

【分析与支持】

生态小农庄中的植物随着气温与天气的变化,每日都展现出蓬勃的生命力,日新月异,为孩子们的绿野游戏提供了丰富的自然资源。经过一个周末,杨梅树上的果子逐渐变红,被大雨一淋,纷纷掉落。孩子们及时发现了这个现象,并做出了初步的判断。发现杨梅之后,能做些什么呢?掉在地上的杨梅能不能吃?老师可以通过倾听来了解孩子们的问题,同时通过观察来发现孩子们新的兴趣点,从而在恰当的时机以开放式的问题激发孩子们开展新的游戏。

游戏实录二:掉在地上的杨梅能吃吗

小米说:"果子掉下来了,说明熟了,可以吃!我们一起把果子捡起来吧!"

扬扬产生了质疑:"不对,绿绿的果子也掉下来了,应该是被雨打下来的。果子长成红色,才是熟了。"

小米提议:"那我们就捡红的果子吧。"

"可是地上的杨梅脏脏的!上面还有泥土。"甜甜一边捡,一边嫌弃地说。

"对,说不定有虫子住在里面。"文文补充。

"这个好办,用水冲一下不就行了吗?虫子?我没有看到啊。"小米一边回复,一边继续捡。

"那是因为有的虫子很小很小,得用放大镜才能看见。反正我不吃,地上的杨梅太脏了。"文文坚持自己的看法,"掉下来的果子都摔破了,烂掉了,还能吃吗?"

"那我们就挑整个的、没有破的杨梅捡。我也想吃吃看。"芸芸想继续尝试。

扬扬捏了捏从地上捡起来的杨梅:"怎么这么松软,一捏就破了。我妈妈买来的杨梅摸起来是硬硬的。这个杨梅还有股酸酸的气味。"

不少孩子也把杨梅放在鼻子下闻:"怪怪的,不好闻,像是酒的气味。"

"是的,我看是坏掉了。"

"这里面有虫子,所以这个果子还是别吃了吧!"

悦悦说:"好可惜,我真的很想吃杨梅,要不我们摘树上的杨梅吃吧!"

【分析与支持】

关于地上的杨梅是否可以吃,正反两方的孩子们起初各持己见,但随着"不能吃"的理由不断充分,孩子们逐渐统一了观点,达成了"地上的杨梅不宜食用"的共识。这一共识是他们在辩论的过程中达成的。尽管客观上已对此达成了共识,但孩子们想吃杨梅的主观愿望却越发强烈,即便是那些原本主张地上杨梅不能吃的孩子也不例外。因此,孩子们的注意力转向了树上的新鲜杨梅。孩子们对于杨梅的渴望,将引发孩子们在游戏中的探索。

游戏实录三:我想摘杨梅

昊昊眼疾手快,跳起来,摘下了低处的一颗杨梅,放进嘴里一咬,马上吐了出来:"呀,好酸。"果然,那颗被昊昊吐出来的杨梅是半红半绿的。

大家觉得应该先观察一下,盲目地摘下杨梅却不能吃,实在是有点儿浪费。

涵涵马上说:"绿色的杨梅肯定不能吃,还没熟,别摘了。"

"紫色的应该可以吃,我上次吃的杨梅就是紫色的,甜甜的。"扬扬说。

"不知道粉色的可不可以吃。"昊昊说,"这颗粉色的还是有点儿酸,我喜欢再甜一点儿的。"

芸芸觉得粉色的杨梅酸酸甜甜,味道不错,她很喜欢。

就这样,除了绿色的杨梅,紫色和粉色的杨梅都有不同的孩子喜欢,大家各取所需。

低处的杨梅很快就被摘光了。高处的杨梅太高了,即使孩子们踮起脚尖、跳起来,甚至抱起同伴摘,都摘不到。怎么办呢?

悦悦直接抓住树干摇晃:"我外婆就是这样摇桂花树的,桂花很快就落下来了。我们也来摇摇杨梅树!"孩子们有的握住树干,有的抓住树枝,摇摆了几次,掉落下来不少杨梅!大家兴奋极了,开心地捡杨梅。

我指了指地上随着杨梅一起掉落下来的树叶和树枝,问他们:"你们觉得这样摇晃杨梅树行吗？"

小米担心地说："好像不行，没熟的果子也掉下来了。"

睿睿不好意思地挤出笑容："树枝断了，我的力气太大了吧。"

"它晃得好厉害！快被推倒了。"孩子们议论纷纷。

甜甜说："这个办法不好，树会受伤的。"

"那该怎么办呢？"

扬扬转身跑了，不一会儿，他就拿着一根长长的树枝回来了："用这个，它像我奶奶用来晾衣服的叉子。"他边说边用长树枝敲打，还真有杨梅被打下来了。

"哈哈，我成功了！"

见状，其他孩子也想效仿。可是，这么长的树枝真难找。小米带着几个孩子在门卫伯伯那儿拿来好几根长长的竹竿。

昊昊拿着竹竿在树枝间大幅度摇摆，细小的树枝和叶子都一起掉落了，没熟的杨梅也被打下来了，有些还落在其他孩子身上。看样子还是要找准目标来打。

小博举着竹竿，紧盯着杨梅树，不一会儿就想放弃了："一直举着竹竿，还打不准，实在太累了。"

熠熠很有耐心，已经成功了好几次。但是，她马上发现："不行呀，杨梅直接掉到地上，都烂了。"

想吃杨梅真不容易，看来还得想想另外的办法。

【分析与支持】

摘杨梅的游戏源于孩子们的生活。孩子们对杨梅的渴望驱使他们去探索摘杨梅的方法。孩子们通过亲身体验，运用视觉和味觉，来判断杨梅是否成熟，这体现了孩子们通过与环境的积极互动来获取新知识的能力。他们采摘杨梅的方法均源自日常生活，并成功采摘到杨梅，享受了成功的喜悦。然而，在采摘过程中，老师应引导孩子意识到，当他们与自然产生联系时，应将植物视为具有生命的自然界成员，要保护杨梅树的果实。在接受大自然慷慨馈赠的同时，我们也应怀着友善之心对待自然，与之和谐共存。

游戏实录四：我有新的方法

这一天，晨间活动的时候，正在玩竹梯的扬扬说："我想到了好办法，等下把梯子搬过去，我们爬上梯子摘杨梅！"绿野游戏的时候，大家迫不及待地把几把竹梯同时架在树上。

大家都急着想爬上去一试身手。拥挤中，小米被挤了下来，她急了："危险！人太多了，梯子也太多了！"

芸芸说："我一压梯子，树就晃，树会不会受不了呢？树干会断吗？"

诺诺建议减少梯子，并且分开放。

悦悦把梯子宽的一头架在树干上，准备往上爬。小米制止了她。悦悦一脸疑惑。卡卡说："你放错了，梯子窄的一头在下面会立不住的。"孩子们摇了摇梯子，梯子果然左右晃动。扬扬直接动手把梯子掉转了个方向，架好后又摇了摇："这下稳了。"

小米很快爬到了梯子的顶端，她抬头看到杨梅，非常兴奋："这么近，太好了！"她刚要直起身子摘，忽然又停了下来，双手重新扶着梯子说，"老师，太高了，我有点儿害怕。"我说："你需要我怎么帮你？"小米说："帮我扶着梯子。"于是我扶住了梯子。小米开始一手扶住梯子，一手采摘。

问题又来了，小米拿着刚摘下的杨梅左顾右盼，无处安放。悦悦和扬扬同时上前一步："给我，给我！"悦悦转身捡起一个篮子并举得高高的："我帮你接着！"悦悦又对扬扬说："你不用接，你帮小米扶着梯子就好了！"之后，他们一直这样合作。

【分析与支持】

在游戏过程中，老师通过观察孩子的行为与互动，清晰地感受到他们对自然界浓厚的兴趣与好奇心。孩子们在与自然的亲密接触中,对杨梅色彩与滋味的浓厚兴趣展现无遗,这种直观的感官体验能让他们深刻体会大自然的美好。在摘杨梅的过程中,孩子们巧妙地找到了合适的工具,这一过程不仅锻炼了他们的手眼协调能力和精细动作,还极大地促进了他们身体协调性和小肌肉的发展。同时,孩子们共同商讨摘杨梅的策略,分享收获的果实,这不仅让他们知道了合作与分享的重要性,也显著增强了他们的社交技巧和团队合作能力。此外,游戏过程中,孩子们时刻注意安全,避免有人跌落或受伤,这无形中培养了他们的安全意识。

摘杨梅这一户外自主游戏,不仅极大地丰富了孩子们的户外生活体验,还全面促进了他们在身体、认知、情感和社会交往等多个维度的发展。

游戏实录五:杨梅可以用来做什么

杨梅摘下来了,孩子们迫不及待地把杨梅放进嘴里:"真甜!很好吃!"这么好吃的杨梅,可以用来做什么呢?

诚诚说:"我有一个好主意,准备几个杯子,只在一个杯子里装杨梅。然后把杯子的顺序打乱,请大家猜哪个杯子里有杨梅,猜中的人就可以吃!"大家都觉得这个主意很有趣!受诚诚的启发,其他孩子还想出了"比赛吃杨梅""绕着大树竞走吃杨梅"等不同的游戏。

会不会有人喜欢自己摘杨梅吃呢?孩子们还准备了篮子,邀请前来参观的老师们亲自采摘杨梅。

【分析与支持】

孩子们围绕杨梅所展现出的奇思妙想,让老师们赞叹不已。每一种游戏都是孩子们无限创造力的生动体现,充分展示了他们丰富的想象力和创新能力。孩子们在享受了摘杨梅的乐趣后,进而延伸出了各种各样的游戏,这一转变充分展现了他们在游戏中的思维发散能力。大自然作为广阔的游戏舞台,不仅为孩子们提供了丰富多样的游戏环境,还极大地激发了他们的游戏热情和探索欲望。与自然紧密相连的游戏,像是一股不竭的动力,唤醒了孩子们内在的潜能,促使他们在游戏中学习、成长,并深刻体验与自然和谐共处的无尽乐趣。

游戏反思

杨梅树作为幼儿园内宝贵的自然资源,经历了从青涩到成熟,最终落果的自然过程,杨梅的颜色也由绿转红,直至变为深紫。这些孩子们日常生活中的自然现象,成了激发他们游戏灵感的重要源泉,为他们提供了丰富的游戏材料,促使他们不断探索和创造新的游戏内容。在游戏过程中,每个孩子都基于自身经验,提出了不同的问题。

孩子们自由讨论、决定游戏的地点、内容和方式,这展现出他们充满趣味和创意的思维,还有游戏自主性。在相互启发中,他们不断产生新的想法,让游戏变得更加丰富多彩。通过这些游戏,孩子们不仅观察到了杨梅从青涩到成熟的过程,还发现了果子颜色与味道之间的关联——越紫的杨梅越甜。

这样的游戏既充满趣味又富有挑战,要求孩子们手脑并用,相互学习,紧密合作。面对问题，他们学会了主动出击，在与自然的互动中不断挖掘自己的潜能，寻找并展现不一样的自己。孩子们在摘杨梅的过程中，体验了合作游戏的快乐，也接受了大自然给予的美味的馈赠。

小象餐厅

（由蔡海艳老师提供）

游戏背景

绿野游戏场域里有一个快乐农庄，这里有孩子们亲手种下的各种蔬菜，如番茄、豌豆等。孩子们在农庄里开了一个小象餐厅，每天一到游戏时间，小象餐厅就会热闹起来……

游戏实录一：员工上岗记

绿野游戏开始了，孩子们迫不及待地向快乐小农庄的小象餐厅走去。

妞妞说："今天我来当小厨师吧！"

臻臻说："我也是小厨师！"

毛毛和智扬也拿起了铲子，当起了厨师，小象餐厅里所有的孩子都在当小厨师，餐厅的厨房十分拥挤。

这时，阳阳来到小象餐厅，发出了疑问："餐厅里面的那么多人都是厨师吗？"

听完阳阳的话，妞妞和臻臻开始附和着："对啊，真的餐厅里面没有那么多厨师！"

妞妞说："餐厅里还有服务员的，这个餐厅没有服务员。"

阳阳说："餐厅里应该还有店长，我来当店长吧！"

"那服务员呢，谁来当？"

"我不想当服务员，我想当厨师。"臻臻说。

"我也是，当厨师可以炒菜，多有意思啊！"妞妞说。

"我也想要当厨师。"智扬说。

孩子们都想当厨师，没有人想当服务员，这可怎么办呢？

故事篇

妞妞想出了办法："我们可以轮流当厨师,第一天你当,你二天我当,第三天他当……"

"我觉得店长可以决定谁来当厨师,因为店长是店里最大的。"阳阳说,"可以先轮流当一次厨师,再看看谁当厨师当得最好,那以后就都让这个人来当!"

元元对阳阳的想法产生了质疑:"我觉得不能只是店长说了算,还要看客人满不满意。"

元元的想法得到了孩子们的赞同。于是,孩子们决定进行厨师竞聘。通过为期一周的厨师竞聘,孩子们最终推选妞妞成为小象餐厅的厨师,臻臻和智扬为服务员。

  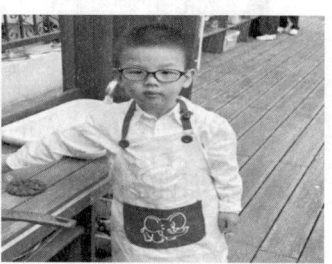

孩子们开始了游戏。不一会儿,餐厅里传来了孩子们的争论声。

妞妞穿好衣服,拿着铲子对着大家说:"我是厨师,我要炒菜啦!"

服务员臻臻在一旁说:"我也要炒菜!"

妞妞说:"你不可以炒菜,你是服务员,你要上菜!"

店长阳阳在旁边附和:"对啊,你是服务员,又不是厨师,怎么能炒菜呢?"臻臻听后,转头就走了,和服务员智扬一起站在餐厅的一旁。

此时,小客人恩恩和毛毛走了过来,坐在餐椅上。服务员臻臻和智扬看见了却不为所动,店长阳阳只好自己走过去招待小客人。

在游戏分享阶段,店长阳阳便提出了问题:"服务员没有招待好客人!"

妞妞也说:"是啊,服务员都来炒菜了!"

我问:"服务员应该做些什么呢?"

元元说:"服务员是负责招待客人的。"

安安说:"服务员还负责点菜、上菜。"

小咪说:"客人吃完饭后,服务员还要负责打扫桌面和地面。"

大家你一句,我一言,很快明晰了服务员的职责:招待客人、点菜、上菜,客人吃完饭后要及时清理桌面、地面等。同时,孩子们提出店长也要监督服务员和厨师的工作。孩子们把自己的讨论结果用绘画的方式都记录了下来。

【分析与支持】

快乐农庄是孩子们的游戏天地,农庄还为小象餐厅供应了丰富多样的食材,这进一步促进了游戏的产生与游戏主题的多元化。餐厅内,厨师角色因其具有能够烹饪美食、与各种食材互动的特性,深受孩子们的喜爱。

在小象餐厅游戏中,孩子们之间产生的冲突主要源于两方面:一是中班孩子的年龄特点,导致他们在游戏中往往只关注自己的兴趣;二是孩子们原有的生活经验。孩子们的创造性游戏往往是对现实生活的模仿与再现,但由于他们对餐厅中的厨师、服务员、收银员等角色缺乏清晰的认知,即便知晓这些岗位的存在,也不明确其具体职责。孩子们在游戏中遇到的问题和冲突正是他们获取新经验的重要契机。老师可通过组织集体分享活动,鼓励孩子们以集体交流讨论的形式,自主探索岗位分配与职责界定。这一过程不仅能帮助孩子们明确餐厅各岗位的职责,还有助于他们在后续游戏中更清晰地定位自己的角色,学会根据岗位进行分工合作,从而不断丰富游戏情节,提升游戏水平。

游戏实录二:菜品研发记

绿野游戏时,恩恩来到了餐厅。

"我要吃这个!"恩恩指着餐厅菜单上的图片,却说不出菜名。

"哪个啊?"厨师妞妞也不知道菜名。

"这个,你过来看!"恩恩喊着。

厨师妞妞只能从厨房出来,一看究竟。

恩恩抱怨着:"餐厅的菜都没有名字,我只能看着图片点菜!"

此时,小客人诚诚也抱怨:"我想吃红烧鱼,但是餐厅里没有红烧鱼,那我不吃了!"

我在空无一人的小象餐厅里坐了下来,问妞妞:"怎么餐厅里一个客人都没有啊?"

妞妞说:"老师,客人都走了。"

我表示很惊讶:"为什么他们都走了呀?"

妞妞说:"恩恩没说出菜名,诚诚想吃红烧鱼,但是我们没有。"

"那可怎么办呢?怎么才能让客人吃到想吃的菜呢?"

于是,孩子们决定给菜取名字并研发新的菜品。

智扬说:"木片很像牛肉,叫它'炒牛肉'吧!"

妞妞说:"绿绿的树叶像青菜。"

臻臻说:"树枝长长的,就像面条!"

阳阳说:"还有橘子,不过橘子不是菜,是餐前水果。"

通过商讨,孩子们在替代的物体与实际的物体之间建立了联系,给餐厅的菜都取了名字:牛肉炒青菜、牛肉面、餐前水果。

 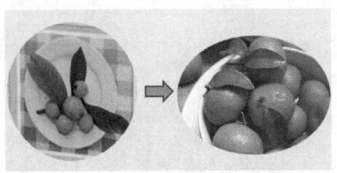 

接着,孩子们便准备研发新菜品了。

店长阳阳:"我们要找更多'食材',然后研发新的菜。"

妞妞:"好,我们美工区有很多贝壳,可以烧'海鲜汤'。"

臻臻:"农庄里有很多银杏果,这个也可以用来做菜。"

甜品屋的孩子们也来出主意："还可以去'什么都有屋'里找一找。"

第二天，孩子们找来了很多东西，有石子、小木块、玉米、花生等，并捡了许多银杏果，装在罐子里。

店长阳阳一进厨房，就开始在石头上画鱼，他要做诚诚想吃的红烧鱼。

妞妞把贝壳和树叶等放到锅里，然后在锅里加水，进行翻炒。不一会儿，妞妞喊："我做了'海鲜汤'，大家快来尝尝吧！我加了很多贝壳，我妈妈就是这样做的。"

店长阳阳："我们还有'三鲜汤'、花生、金橘柠檬茶、珍珠奶茶……"阳阳指着厨房里的"食材"，嘴里不断地报出菜名。

我说："你们研发了那么多新菜品，其他小朋友知道吗？"

智扬说："我们可以给其他小朋友介绍。"

臻臻说："可以把菜打印出来，挂在牌子上，别人一看就知道了！"

阳阳说："我在餐厅里看到过桌牌，上面会有菜的图片。我们可以做一个桌牌放在桌子上，这样小客人一坐下来，就能看见我们的招牌菜了。"

于是，游戏结束后，我将孩子们研发出来的菜品拍照并打印出来。孩子们利用空余时间，一起将新的菜品图片挂在了牌子上，还制作了桌牌放在餐桌上。

【分析与支持】

经过前期的游戏分享与讨论交流，孩子们已经对餐厅中各个岗位的职能有了清晰的认识。他们可以根据自己的兴趣偏好来选择角色，有的扮演厨师，运用自然材料"烹饪"出各式美食；有的则选择成为服务员，负责热情招待客人、上菜等任务。在角色扮演的过程中，孩子们不仅学会了与他人合作与沟通，还提升了创造力和解决问题的能力。

在游戏进行期间，老师应作为细致的观察者，紧密关注孩子们的表现与互动。当孩子们遭遇难题时，老师不要急于给出答案，而是耐心等待，及时捕捉他们在游戏中遇到的问题与需求，通过提出开放性问题，启发孩子们拓展新的游戏思路。例如，面对没有客人的情况，老师应引导孩子们自主思考并尝试解决；当发现菜品无名称或种类不足时，老师可引导孩子们利用自然材料的特性创新菜品，并为这些菜品命名。这样的过程不仅促使孩子将游戏与自身生活经验相结合，还鼓励他们发挥想象力，在周围环境中寻找新的"食材"，从而研发出新颖的菜品。这一系列活动有效激发了孩子们的想象力和创造力，推动了游戏情节的新发展，确保了游戏生长点的持续延伸。

游戏实录三：餐厅改良记

有了明确的人员分工及丰富的"食材"和菜品，餐厅开始变得热闹起来，店长阳阳也有模有样地指挥厨师和服务员工作起来。但在游戏中，孩子们又遇到了新的问题。

"我点的是'牛肉面'，给我上的却是'海鲜汤'，你们上错菜了！"

"没有筷子、勺子，怎么吃？"

"我来餐厅的时候，桌子上都是菜，乱七八糟的！"

"我刚坐下，怎么没人给我倒水呢？"

一系列的问题让服务员和小厨师们手忙脚乱，怎么办呢？

游戏结束后，很多去过小象餐厅的孩子用表征的形式记录了在餐厅里遇到的问题。我相信随着孩子们游戏经验的不断丰富，他们有能力解决游戏中出现的问题。于是，我把这些问题告诉了店长阳阳，让阳阳和伙伴们一起讨论，并把讨论结果记录下来。

经过热烈的讨论,孩子们集思广益,提出了诸多实用的建议。他们建议将餐桌布置得更加美观,比如铺上色彩缤纷的桌布,并以鲜花点缀营造氛围;针对餐具不足的问题,孩子们提出可以模仿小朋友用餐时的习惯,将筷子和勺子放置于竹筒中,方便客人自取。此外,还有孩子细心地指出,应确保按照客人的点餐来上菜,避免上错菜品,同时强调了客人用餐完毕后要及时整理餐桌,保持环境的整洁。

这一天,餐厅来了很多来自武汉、安徽、杭州等地的"大客人们"。

阳阳拉着客人来到了餐厅,让客人坐下。服务员臻臻看到客人来了,连忙将杯子拿来,又拿起水壶往杯子里倒水;妞妞端了一盘水果,送到客人面前,对客人说:"这个是餐前水果,免费的哟!"

客人回应道:"你们的服务太好了吧!还有水果,这家餐厅太棒了!"

孩子们的热情与主动打动了来参观的老师们。小象餐厅生意兴隆,孩子们的游戏也达到了高潮。

【分析与支持】

在小象餐厅自主游戏中，孩子们通过角色扮演，深入学习了如何与他人协作、如何合理分配任务，以及面对问题时如何通过有效沟通来达成共识。这一过程中的讨论与协商，是孩子们掌握社会交往技能的关键。他们需学会倾听他人意见，体察他人情感，以达成目标。游戏不仅为孩子们搭建了相互交往与合作的平台，更在无形中培养了他们的沟通与协商能力，这些能力对孩子的社会性发展产生了深远的积极影响。

同时，在游戏中，孩子们持续创造出新颖的游戏情节与角色，这一过程不仅丰富了他们对餐厅内多种职业的认知，还充分展现了孩子们的主动性和创造力，为他们提供了自我展示与个性表达的宝贵机会。尤其在与成人的互动中，孩子们展现出的热情与主动，更是他们自信与自主精神的鲜明体现。小象餐厅作为游戏场景，是一个模拟真实社会环境的平台，孩子们在其中得以体验不同的社会角色与责任，深刻理解社会运作的基本法则。这种模拟体验能提高孩子们的社会适应能力，为他们未来生活与学习奠定坚实基础。

游戏反思

在幼儿园的自主游戏中，餐厅主题深受孩子们的喜爱。孩子们能够分别扮演厨师、服务员、顾客等角色，通过模拟餐厅的日常运营来激发想象力并提升交往能力。随着游戏的深入，孩子们的游戏水平显著提升，从最初对岗位角色认知模糊，逐渐发展到能够明确分工，并成功赢得客人的赞誉。围绕角色分配与职责、菜品研发及餐厅改良这三大核心议题，孩子们通过组内讨论，以独特的方式解决了在游戏中遇到的问题。这一过程不仅锻炼了孩子们的思考与协作能力，还成为推动他们社会性发展的重要动力。

小象餐厅游戏不仅是一个简单的角色扮演创意活动，它实际上是孩子们在科学、艺术、语言及社交等多个维度上获取新知的综合性平台。在科学领域，孩子们能够依据植物特性创造性地选用游戏材料；在艺术层面，他们通过自制"食材"及装饰餐厅，有效提升了审美观念与手工技巧；在语言方面，角色扮演与分享交流环节极大地提升了孩子们的表达与倾听能力。这种跨领域整合的教育模式，对于促进孩子们的全面发展具有积极意义。此外，老师还可携手家长，共同丰富孩子们关于餐厅的认知，通过引入新角色、拓展游戏情节、调整游戏规则等方式，使游戏内容更加丰富多元，从而为孩子们创造更多学习与成长的机会。

春日派对

(由蔡李华老师提供)

游戏背景

又到了绿野游戏的计划与讨论时间,这次的游戏场域是自主拓展区。

什么是自主拓展区?

孩子们说:"就是想玩什么,就玩什么的地方!"

围绕着这个话题,孩子们展开了一次春日畅想:"我想穿上漂亮的衣服,给大家表演、念故事。""我想把春天画下来!""我想带上礼物和玩具,和同伴一起做游戏。""我们可以一起做这些事,开一个春日派对!"

于是,故事就这么开始了……

游戏实录一:派对的前期准备

带着美好的畅想,孩子们回家收集了自己想玩的玩具。第二天,他们兴高采烈地带着自己的玩具来了。大家在户外铺上地垫,有的孩子在一起玩玩具,有的孩子在画板上画画,有的孩子在给同伴念儿歌、唐诗,表演节目,孩子们玩得不亦乐乎。

但是，在游戏分享时间，孩子们提出了问题。

"游戏的时候，大家坐在一张垫子上，人太多，太挤了，总是容易碰到别人。"

于是，孩子们纷纷提出了自己的想法。

"我们可以从家里带一些垫子和帐篷来，这样就可以分开坐，不挤了。"

"能带一些别的玩具吗？比如陀螺、恐龙、电动车等。"

大家一致认为可以。

"我们可以把派对的场地设置在舞台上，那里地方比较大。"

"可以带一些水果来幼儿园分享吗？"

经过商讨，大家决定推荐大为向园长妈妈征求意见。

不一会儿，大为就带来了好消息。园长妈妈同意可以带水果，但是要注意水果的安全和卫生。那么，谁带水果呢？经过讨论，大家觉得可以每个人轮流带水果。

【分析与支持】

游戏是孩子们日常生活的真实再现，而自主拓展区则真正赋予了孩子们实现自我游戏愿景的可能。每个孩子都怀揣着个人的喜好与憧憬，他们渴望与同伴共读、同演、共享水果时光，这一切活动均源自孩子们内心的自主选择。他们自由结伴，自主决定游戏内容，充分展现了在游戏世界中的绝对自主权。然而，首次举办的春日派对并未如孩子们所设想的那样一帆风顺，游戏中自然而然地涌现出各种问题和冲突，但这些挑战恰恰成了推动游戏深入发展的强大动力。在此过程中，老师扮演着观察者与倾听者的角色，敏锐捕捉孩子们的共同兴趣与困惑，鼓励他们勇敢表达自我，通过相互间的对话与讨论，共同探索解决问题的途径。我们坚信,通过游戏的历练,孩子们将不断提升发现问题、解决问题的能力,并在合作中体验到解决问题的乐趣与成就感。

游戏实录二:派对进行时

第二天,孩子们带来了很多水果,有苹果、香蕉、橘子、车厘子,还有玩具、帐篷、天幕等。有了这么多东西,该怎么筹备派对呢?

孩子们自由分组,进行了讨论与分工。

洗切水果组:清洗水果、切水果、装水果。

水果摆台组:摆水果、借桌子、添置物品。

天幕帐篷组:看说明书、搭天幕、帐篷。

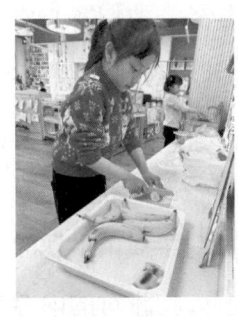  

讨论好后,孩子们就开工了。

洗切水果组的孩子先把水果进行分类,切好,再装进放早点的盘子里。

水果摆台组的孩子向老师借来了桌子,他们根据以往活动中摆台的经验,给桌子铺上桌布,放上花瓶、餐巾纸、湿纸巾。

天幕帐篷组的孩子们拿出帐篷和工具开始搭建。粟粟拿着说明书,对大家说:"我们就在这里搭,先把那个布拿出来,还有那个长长的'脚'(支架)。"他一边说,一边走到伙伴身边,指着地上的支架。玥玥拿起几根细细的支架,摆弄了一下:"这个怎么弄?"粟粟一边说一边操作:"把这根东西装在这里,连接在一起就好了。"悦悦在旁边看着,用同样的方法,一下子就完成了帐篷的搭建。

这时,辰辰已经把天幕打开了。粟粟拿着支架,把天幕的一头挂在支架上,大声说:"辰辰,你把另一头也撑起来,像我这样。"悦悦马上把另一根支架拿给辰辰,两人合力把天幕挂在支架上。就这样,天幕打开了。

"不对,中间打折了。"粟粟一边拉下天幕,一边调整,终于把中间支撑起来了。

"等会儿,还要把两边支撑起来。"粟粟说着,把支架交给希希,拿起天幕的一角往前拉,再把脚钉用力往地下按,还拿了一块石头,重重地敲了几下。

大家费了九牛二虎之力,终于把天幕搭好了。

一切都准备好了,大家开心地吃水果,在小帐篷里嬉戏,在天幕下玩玩具、画画、聊天,开心极了!

【分析与支持】

在任务导向的游戏中,孩子们的自主性得到了淋漓尽致的展现。游戏过程中,他们的多方面能力均得到了显著提升。孩子们依据各自的生活经验,自主策划派对筹备方案,同时根据个人喜好选择项目,并按分工协作完成任务。他们齐心协力,共同收集派对所需材料,展现了出色的团队合作能力;在遇到难题时,他们学会了向其他班级的老师求助,以获取必要的帮助;在搭建天幕等活动中,他们的动手能力和协作能力均得到了加强。这场派对的筹备过程,不仅是一次任务的完成过程,更是每个孩子独特爱好与个性的精彩展现过程。孩子们面对游戏中出现的大大小小的各种问题,都展现出积极主动的态度,从而解决了问题,使派对的内容更加丰富多彩,游戏过程充满活力。同时,孩子们也深刻体验了游戏带来的欢乐。

游戏实录三:派对中的问题

游戏结束后,几个孩子开始抱怨。

"今天水果我没有吃到,有些人吃了很多!"

"我也没吃到水果,这样一点儿也不公平!"

"有什么办法可以解决呢?"

"一人一份,自己拿小碟子装水果,吃完后,自己清洗小碟子!"

"小帐篷里人太多了,小帐篷总是倒,怎么办?"

"我觉得可以做一个标记,规定小帐篷只能进3个人。"

于是,孩子们按照自己的想法进行了调整,在小帐篷上做好了标记。

在后面的两天里,大家各自开心地玩着自己的游戏。

游戏中,大家又发现了一个小问题:擦过手的餐巾纸和水果皮放哪里呢?只有一个垃圾袋很不方便。

"教室里有小垃圾桶,可以拿两个过来,把垃圾进行分类。一个小垃圾桶放餐巾纸,另一个放水果皮。"

于是,洗切水果组的孩子们在小垃圾桶上做了标记,方便大家扔垃圾。

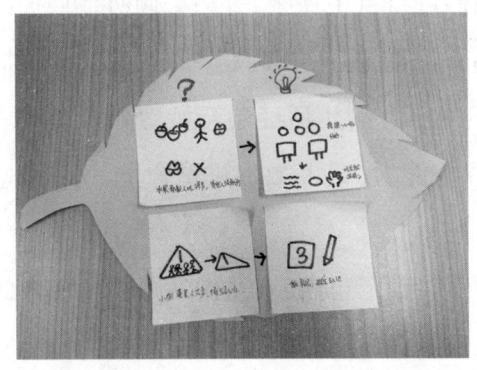 

调整好后,大家继续开心地玩着。但是,问题又出现了。

"放水果的盘子没有盖子,不太卫生。"

"从小班借一个盖子,这样就卫生了。"

"我们坐的垫子都破了,弄得身上都是草。"

"可能是我们玩陀螺的时候不小心弄坏了。"

"可能是垫子上的小朋友太多,不小心扯坏了。"

经过分析，孩子们觉得下次玩陀螺的时候要去别的场地，明天可以再带一张垫子。

孩子们的春日派对开展得如火如荼。春风和煦，阳光暖暖，在欢声笑语之中，孩子们享受着春日的无限美好……

【分析与支持】

春日派对的进行过程中，孩子们遭遇了新的问题与挑战。他们在积极解决这些问题的过程中，不断探索解决策略，从而促使自身的游戏水平稳步提升，迈上了新的高度。在游戏期间，老师慷慨地给予了孩子们充足的时间与空间，细致入微地观察他们的游戏表现，同时鼓励他们进行自主探索，并耐心倾听他们提出的每一个想法与疑问。老师致力于支持孩子们独立分析问题，激发他们的积极思维，并在解决问题的过程中，引导孩子将已有的生活经验巧妙地融入游戏之中。这一过程不仅显著提升了孩子们的探究能力，还有效促进了合作、分享、坚持等优秀品质的内化。

在本次绿野游戏中，孩子们不仅深切体验到了自由、自主游戏形式所带来的愉悦，更在派对活动中逐渐树立了规则意识。在与同伴的互动中，他们的社会交往能力得到了显著提升。孩子们学会了轮流游戏、分享资源以及和平解决冲突，这些宝贵的经历无疑成了他们成长道路上不可或缺的财富。

游戏反思

自主拓展区与绿野游戏中的其他特定场域（如沙水区和建构区）有所不同，后者常因特定的材料而自然引导出相应的游戏。而自主拓展区，恰恰因为缺乏这种特定的材料指向性，为孩子们在游戏中自主探索和发挥创造力提供了更自主的空间。老师敏锐地识别出孩子们共有的兴趣焦点与疑问，以"这个春天想玩什么"为引子，巧妙地引导孩子们在大自然的怀抱中共同探索，最终催生了"春日派对"这一完全由孩子自主发起并策划的绿野游戏。筹备与举行派对的过程中，孩子们经历了从初期的计划缺失与分工不明，到逐渐明确计划、合理分工，再到积极应对挑战、不断优化方案的成长轨迹。这一过程循环推进，使孩子们的经验得以持续累积。在此期间，老师坚持"最大限度放手与最小必要介入"的原则，协助孩子们将无意识的玩耍转化为有意识的探索与学习。

在游戏进程中，老师扮演着观察者、倾听者和记录者的角色，细心观察并捕捉孩子们在游戏中的成长瞬间，耐心倾听并记录他们的问题与解决策略。同时，老师给予孩子们最大限度的思考、讨论和游戏的空间，仅在必要时提供适当的支持。因此，我们应当致力于为孩子打造更加开放的空间，创造更多合作的机会，以激发他们的想象力、创造力，促进他们的合作与表达能力，让孩子真正成为游戏世界的主人。

绿野小玩家

LUYE
XIAOWAN JIA

奇趣野战营

（由徐宁老师提供）

游戏背景

十月，班级里开展了主题活动"大中国"。孩子们在观看完场面壮观的阅兵式后，内心深受触动，对解放军产生了极大的崇拜之情。他们纷纷赞叹道："解放军太厉害了！"游戏时间，孩子们在"野战营"开启了一场"战斗"之旅。

游戏实录一："热热闹闹"的"战场"

在做游戏计划前，孩子们提议将队伍分成红军队和野战队，大家自由组队并选举队长。组队后，孩子们开始一起商讨路线。有的孩子说要从山坡开始，有的孩子则是想从草地开始。孩子们讨论得十分激烈。

思思："我们红军队有'炸弹'，可以直接打败野战队。"

星星："我们可以把地方分为两块，红军队一块，野战队一块，大家不能去对方的'地盘'。"

诺诺:"我们可以在草地上匍匐前进,这样不容易被发现。"

游戏就这样开始了。

诺诺:"能不能来几个人帮帮我?"

思思:"队长,发现前方有'敌军',快来人支援。"

亿豪:"老师,我们队有人'受伤'了,我们需要救援。"

思思:"我发现山坡那里很容易被'敌人'发现,我们要用东西掩盖一下。"

程程:"我们没有医生,所以刚刚小美受伤的时候都没有人去救她。"

乐乐:"对战久了好累呀,要是能有人给我们送饭就好了。"

【分析与支持】

　　孩子们的游戏内容往往源自主题学习中他们深感兴趣的话题,正如野战游戏的诞生,便是基于孩子们渴望成为解放军的梦想。从孩子们的对话中,可以感受到他们满满的好奇心和游戏中的诸多情节。例如,思思作为红军队的一员,她自豪地提及红军队拥有"炸弹",这充分展现了她对游戏材料的关注;同时,她敏锐地观察到山坡是易于暴露的地点,并建议采取掩护措施,这一提议不仅体现了她在游戏中对战场环境的细致观察,也彰显了她具有丰富的游戏经验。星星在游戏中提出将地方划分为两块区域,各自据守,以避免深入"敌方领地",这一构想展现了她在游戏中的想象力,她是游戏情节的推进者,"两军对垒"极大地丰富了野战游戏的趣味性。而诺诺则提出了匍匐前进的战术,应该是将运动中的经验迁移到了野战游戏中。

　　在绿野游戏中,每个孩子因着各自不同的生活经历与个性,都能勇敢地表达自己的想法,展现出独特的思维方式和个性。孩子们在游戏中萌生的想法以及发现的问题,如医疗人员的缺失等,都为后续游戏内容与情节的持续丰富提供了灵感与基础。

游戏实录二:忙碌的医生

　　在激烈的"战争"后,诺诺躺在了地上。

旁边的思思说:"自己过来吧!"

诺诺撑起了自己的手,思思搬了一下他的脚,说:"你太重了!我搬不动!"诺诺拍了拍自己的屁股说:"好吧,好吧。"然后就往旁边走去。

这时,程程倒在了地上。思思走到程程的旁边,说:"你哪里受伤了?"

程程指了指自己的脚。

然后,思思蹲了下来,用手指了指程程的膝盖,说:"是这里吗?"思思又跑到旁边的小帐篷里,在里面搜寻着,然后拿了一个圆形的水壶,说:"'药'来了,'药'来了!快'喝药'吧!"

"咕嘟——"思思给"喝药"配音,她挥了挥手,把旁边的一个男孩儿叫了过来,说:"我们把他送到'医院'去!"

在游戏的分享环节中,思思说:"诺诺太重了,我搬不动。"

有孩子说:"我们可以通过掰手腕比赛选拔出优胜者,让力气大的人加入医疗护卫队。"

【分析与支持】

正如前一次游戏中孩子们提及野战中缺乏医生的问题,在这次的游戏中,战地医生和伤病员之间的情节自然而生。孩子们的游戏情节既真实又充满童趣。当思思想要转移诺诺时,却因诺诺体重问题而难以实施,诺诺随即放弃角色扮演,起身离开,暂时忘却了伤病员的身份。相比之下,思思在与伤员程程互动时,则完全沉浸于游戏之中,她巧妙地用水壶替代药壶,并创意性地模拟喝药的声音,这一举动不仅展现了她在游戏中的全身心投入,还突显了孩子特有的"以物代物"的想象力和创造力,这正是游戏对孩子成长不可小觑的价值。

面对伤员过重难以搬运的问题,孩子们自发地寻找解决方案,学习并实践正确的搬运技巧。这一过程不仅锻炼了孩子们的自主思考能力和团队协作精神,还丰富了他们的游戏体验,增加了知识积累。然而,需要注意的是,以掰手腕的方式选拔搬运者可能并非最佳选择,因为孩子的骨骼较为脆弱,此类活动存在潜在的安全隐患。建议引导孩子们探索其他既能展现力量又安全无害的方式来替代。

游戏实录三:输赢难断

游戏结束时间到了,孩子们又争吵起来。

诺诺喊道:"我们赢啦。"

星星辩驳道:"是我们赢啦。"

诺诺说:"因为我们每次都有'攻击'到你们。"

这时,边上的亿豪忙走到星星边上,帮着说:"是我们赢了,你们有人'受伤'了。"

诺诺扯着嗓子吆喝道:"亿豪,我明明就把你'打伤'了,你还起来跑,你被'打伤'是不能跑的,你耍赖!"

亿豪皱着眉头解释说:"我才没有耍赖!刚才我也打着你了,你也被我'打伤'了,你也跑了。"

他们两个的争吵声吸引了其他孩子的注意。

程程说:"刚才我也打着星星了,星星总是不倒下。"

星星说:"我又恢复了啊,玩游戏是可以恢复的。"

程程说:"你恢复得也太快了吧。我哥哥在玩游戏时恢复要好几分钟呢,我刚'打伤'你,你就恢复了。"

两队孩子各执一词,谁也不肯让步……

这次的绿野游戏就在两个小队孩子们的不断争执中结束了。

【分析与支持】

在游戏结束的时候,孩子们因为胜负问题发生了争吵,这是很常见的现象。从孩子们的对话中可以看出,他们在模拟游戏中扮演不同的角色,并试图应用游戏规则。然而,他们可能存在一些困惑和误解,特别是关于被"打伤"后是否能继续跑动和恢复的概念。

这场争执展示了孩子们对游戏规则的不同理解和应用。他们根据自己的经验和认知来判断游戏的胜负和规则，导致了意见的分歧。这也反映了孩子们在游戏中对胜负的敏感和关注，他们希望自己的队伍能够获胜，因此对游戏结果持有强烈的个人观点。这也反映了大班孩子争强好胜的特点。

老师邀请孩子们共同讨论解决策略，并且一起来商定游戏规则。经过孩子们的讨论，他们觉得游戏中有3次机会比较合适；"子弹"用面粉裹一层，通过衣服上的白印可以看见对方被打中的次数；如果被"打伤"了，就被医疗队抬回救护站，3分钟以后可以返回游戏。

老师应当积极鼓励孩子们在游戏中既开展合作又参与竞争，同时着重强调团队合作的不可或缺性。在游戏进行的过程中，老师应当充分赋予孩子自主权，将制定规则的权力交还给孩子。孩子们既然有能力成为游戏规则的制定者，那么他们同样也能够成为这些规则的自觉遵守者。老师的角色应当是引导者，帮助孩子们在充满竞争性的游戏环境中，学会保持亲和与友好的态度。

游戏实录四：合作组装

这天，孩子们要把轮胎运到场地。有一个穿白衬衫的男孩子手扶着轮胎，但轮胎还是一直往下滑。

涵雅蹲下身，看了一会儿，说："山坡太高了，所以轮胎会一直滑下来！"

"那怎么办呀？"男孩子反问。

涵雅说："不要着急，我去找一块石头！"涵雅在旁边的树林里走了一圈。大概两分钟后，她拿来一块长方形的石头，将它垫在了轮胎的下面，但是轮胎还是往下滑。

男孩子开始叹气。

"看来石头还是不够大！"涵雅说完，就又去旁边的树林里找了一块更大的石头。这一次，她用手稳住石头，另一只手稳住轮胎，把石头卡在了轮胎下面，但轮胎还是滑下去了。涵雅尝试了很多次，还是不成功。

涵雅把石头竖起来放，终于将轮胎固定住了。

故事篇

第二天绿野游戏的时候,孩子们嘟囔着:"少了'炮筒'!少了'炮筒'!"

孩子们开始分头去找适宜做"炮筒"的材料。翰林和江弈率先回来了,翰林的手里拿着黄色的曲棍球的棒子,江弈的手里拿着蓝色的海绵。翰林把曲棍球的棒子插在轮胎上。

旁边的孩子惊呼:"哇,很像'炮筒'!"

另一个孩子说:"我想看看江弈的!"

江弈把自己的蓝色海绵插了上去。

孩子们比较着,说:"我觉得蓝色的比较好看!"

江弈说:"当然是我的比较好!我的'炮筒'比翰林的长好多!'炮筒'就是很长的!"

【分析与支持】

孩子们选择了用轮胎来搭建坦克,但由于坡度的存在,他们遭遇了轮胎下滑的难题。通过不断调整石头的方向,孩子们巧妙地利用石头的阻力成功解决了问题。这一过程不仅促进了孩子们之间的合作,还显著提升了他们独立解决问题的能力和团队协作能力。

材料作为激发孩子创造力、丰富游戏情节的关键媒介,其特性如形状、大小、颜色等均会对游戏产生深远影响。每个孩子在与材料的互动中展现出独特的偏好和体验,例如在"炮筒"的选择上,有的孩子侧重于"炮筒"的长度,而有的则兼顾了"炮筒"的颜色与美观。当孩子们所选的材料在外形上与炮筒高度相似时,这恰恰表明他们已初步建立了炮筒的概念,并能在游戏中灵活运用这一认知。

在材料选择环节,老师应秉持尊重与放手的态度,避免不必要的干预和即时评价,让孩子们在绿野游戏中充分享受自主选择的乐趣,这正是绿野游戏所倡导的重要理念之一。

游戏反思

游戏"奇趣野战营"源自孩子们的兴趣,从最初的探索到共同制定游戏规则,再到后续的合作与明确分工,这一过程充分展现了孩子们天生游戏者的特质。我们在游戏中看见了孩子们的探索、合作,看见了孩子们的竞争意识、规则意识,解决问题的能力,以及应对突发情况的能力。

在游戏中,我们尤为强调合作、策略规划以及公平竞争的重要性,同时充分考虑每个孩子的独特个性和接受能力,确保他们在游戏中体验到的是包容与友好的氛围。这样的环境旨在教会孩子们尊重他人与遵守规则。在游戏中,每个孩子都是不可或缺的团队成员,他们需要学会倾听他人意见,携手合作以完成任务。此外,游戏规则作为保障游戏公平、有序进行的关键,要求孩子们不仅遵守规则,还能参与规则的制定,这些经历将对他们的成长产生深远的正面影响,助力他们在未来的生活中能更加和谐地与人相处,更加适应社会的规范。

在反思时,我们亦需关注游戏对孩子心理的潜在影响。此次游戏虽能有效激发孩子们的竞争意识与挑战精神,但也可能导致挫败感等负面情绪的产生。因此,我们必须密切留意孩子们在游戏过程中的情绪变化,适时提供必要的支持与引导,帮助他们学会正确面对失败与挫折,增强他们的抗挫能力,培养他们的积极向上的心态。游戏结束后的讨论与分享环节尤为重要,它能引导孩子们将游戏中的宝贵经验与教训转化为现实生活中的能力,如合作能力、冲突解决能力以及遵守规则的能力等。

稻秆大变"型"

（由邵芬芬老师提供）

游戏背景

秋日的田野洋溢着丰收的喜悦，金黄色的稻穗在微风中轻轻摇曳，宛如孩童纯真的笑容，明媚而动人。一场由孩子们兴趣驱动的稻秆游戏开始了，有的孩子灵巧地将稻秆扎成一束，当作标枪奋力投掷向远方；有的则把稻秆幻想成锋利的宝剑，与伙伴嬉戏挥舞；还有的创意十足，将稻秆变成画笔，在地面上自由挥洒，勾勒出一幅幅欢乐的图画。这时，涛涛的一个提议吸引了所有人的注意："我们有这么多稻秆，如果把它们一根接一根连起来，不就能变成一条长长的大马路了吗？"话音未落，孩子们便纷纷行动起来，"稻秆小路"的搭建工程就这样展开了……

游戏实录一：长长的"小路"

孩子们兴奋地抱起一捆捆稻秆，细心地将它们一根根竖直排列，排成了一条蜿蜒绵长的"小路"。

昱诚抱起稻秆，提议道："宽宽的马路有两边，我来拼这边，你们拼另一边吧。"

于是，在另一侧，孩子们又迅速地排起来。

这时，一旁的嘟嘟提出："小路不是只有直直的，还可以有弯弯的，这样才有

趣呢!

不久,一条笔直的小径与一条蜿蜒的小道便出现在大家眼前。孩子们兴奋地欢呼起来,并开始商议着与同伴一起在这条特别的小路上行走,比赛谁走得更快,或是奔跑起来,看看谁是真正的跑步小能手。孩子们在路上奔跑、比赛,体验着自己动手创作的乐趣。

【分析与支持】

一个孩子的创意提议,足以点燃其他孩子的游戏灵感,催生出丰富多彩的新游戏内容。孩子们巧妙地运用稻秆细长的特性,将它们一根根拼接成蜿蜒曲折的小路。直线路径的构建相对直观简单,只需将稻秆首尾相连,这一特点迅速吸引了更多孩子加入游戏。

在游戏中,孩子们自然而然地形成了简单的合作机制,共同完成了各式马路创意搭建。这一过程不仅让孩子们在户外尽情享受了合作的乐趣,还让他们在奔跑与嬉戏中彻底释放了天性。

像稻秆这种简单且低结构的材料,能激发孩子们的大胆想象能力与无限创造力。在构建小路的过程中,孩子们展现出了高度的合作精神和自主性。老师观察到,孩子们通过亲手拼接自然材料,深刻体验了创造的喜悦与成就感。因此,老师应积极鼓励孩子们探讨不同道路的搭建策略,尊重他们的个人选择,并在适当时机给予建议,以助力他们实现更多创意构想。在此过程中,孩子们自然而然地锻炼了协作能力并掌握了问题解决技巧,同时在开放自由的环境中,充分享受了自主游戏的乐趣。

游戏实录二:改造十字路

上一次游戏后,孩子们萌生了新的创意。

诚诚率先提出:"马路不仅有直的和弯的,还有十字路呢!"

锐泽紧接着分享:"去我家的路上就有一个十字路。"

晟睿形象地解释:"十字路就像汉字'十'一样,可以从各个方向行走。"

于是,孩子们满怀热情地拿起稻秆,投入十字路的构建。

几个男孩子一边专注地拼接稻秆,一边还不忘相互比对,以确保每一部分都对齐。

在拼接过程中,锐泽说:"稻秆长度好像不一样。"

这时,翊博指导大家,说:"我们在放置之前先比比长度,再组合。"

在大家的共同努力下,几个男孩子成功合作完成了一个十字路的搭建。

孩子们分工明确,小心翼翼地拼接着稻秆,并不断精细调整每一个细节,最终成功地搭建了一个十字路。紧接着,孩子们在这个新奇的十字路上展开了激烈的竞赛,他们奔跑着、冲刺着,尽情享受着这一全新游戏形式所带来的无尽乐趣。

【分析与支持】

看似简单的十字路,于孩子们而言实则有着不小的挑战。将现实生活中立体、复杂的十字路转化为平面图形,需要孩子们理解并再现其特征,这背后实际上是四条马路的交会。因此,在拼接过程中,孩子们遇到了诸多难题。老师在此阶段应给予孩子们充分的自主探索空间,不过多干预,而是在游戏结束后组织分享会,鼓励孩子们讨论遇到的问题及失败的原因。通过实地观察真实的十字路,结合提前绘制的计划书,引导孩子们按照计划书中的图形,利用稻秆进行精确拼接。这一过程不仅有助于孩子们掌握边角组合的新技能,还能促进他们与材料的深度互动。在原有玩法的基础上,增加了如往中间跑、四散跑等多样玩法,这些创新让孩子们在游戏中体验到了前所未有的乐趣。在此阶段,老师应主要担任支持者的角色,鼓励孩子们在探索过程中勇于尝试,减少不必要的干预,多进行观察。游戏结束后,老师可以引导孩子们分享在拼接过程中的遇到的挑战及自己的收获,以此方式来巩固他们的学习成果。这种贴近现实生活的游戏形式,不仅锻炼了孩子们的动手能力,还通过自主探索和团队合作,进一步增强了他们的认知能力和团队协作意识。

游戏实录三:大型迷宫图

几个孩子兴奋地用稻秆搭建着各式各样的道路,他们玩得不亦乐乎。之前多次搭建直路、弯路乃至十字路,孩子们觉得这些已难以满足他们的探索欲。于是,他们开始讨论如何用稻秆组合出更加复杂、多变的迷宫。

游戏前,孩子们一起讨论、设计了不同形状的各种迷宫。在搭建过程中,他们有的将稻秆竖着摆一段路,有的横着摆一段路,还有的将稻秆围成一个圈,甚至尝试无规则地摆放。经过一段时间的努力,孩子们的迷宫初步成形。

在成功搭建小路与十字路之后,孩子们满怀热情,希望挑战更为复杂的游戏结构——迷宫。经过一番集体讨论,他们设计了多种形状各异、路径曲折的迷宫蓝图,并随即动手用稻秆进行细致拼接。每个孩子都积极贡献了自己的创意与想法,最终,一个结构错综复杂、引人入胜的迷宫赫然展现于众人眼前。游戏随即拉开序幕,孩子们在迷宫中穿梭奔跑,相互合作,共同寻找着出口。同时他们还不忘邀请更多的同伴加入,一同享受迷宫带来的刺激挑战与欢乐时光。

游戏结束后,孩子们纷纷表示,这次游戏不仅让他们有了新的创作体验,而且跑步的路程更长、路线更多样,游戏变得更加好玩了。

【分析与支持】

孩子们成功拼出的这个既漂亮又充满挑战性的迷宫,拥有曲折蜿蜒的通道、明确的进口与出口。鉴于孩子们对迷宫游戏素来抱有浓厚兴趣,设计多样化的迷宫便自然而然地成了他们热衷的游戏项目。迷宫中错综复杂的路径不断激发着孩子们尝试新路线的勇气，这种富含挑战的游戏体验让他们在游戏中获得了成就感。

在此阶段，老师应继续秉持开放与支持的态度，积极鼓励孩子们自主设计并实施迷宫的构建计划。在迷宫构建过程中，老师可以适时地协助孩子们思考迷宫的结构布局，但应侧重于引导而非直接干预，确保孩子们的主体性和创造力得到充分展现。迷宫游戏不仅为孩子们带来了设计与解决问题的愉悦体验，还通过应对复杂挑战，有效激发了孩子们的创造力，进一步提升了他们的团队合作能力。

游戏反思

不起眼的稻秆，不仅激发了孩子们浓厚的游戏兴趣，还促使他们围绕直路、弯路、十字路及迷宫创生了一系列富有创意的探索。这些稻秆成了孩子们表征马路与迷宫概念的媒介，极大地丰富了他们对"路"的认知，实现了"一草多玩"。

生活中，诸如秋天里的稻秆这样的自然材料，正是绿野游戏中不可或缺的宝贵资源。尽管看似仅是简单的稻秆拼接游戏，实则蕴含了孩子们多领域能力的发展：在解决问题的过程中，他们学会了合作与交往；面对复杂的迷宫挑战，他们展现出了强烈的探索欲望；多样化的运动游戏方式应运而生，孩子们更在游戏中收获了满满的快乐与成就感。

整个游戏过程，虽简单却深刻，真正践行了以孩子为主体的教育理念，让他们在玩乐中学习，在学习中享受乐趣。孩子们的自主性得到了充分展现，思维也更加活跃与开阔。为了持续并加深孩子们对游戏的兴趣，老师应当充分尊重孩子们的自主选择权，积极倡导合作与创意表达，并在适当的时候给予恰当的指导和支持。同时，老师可以深入挖掘大自然中丰富的低结构材料资源，引导孩子在与这些自然材料的互动中，自主创造出更加多样化的游戏形式，从而充分体验到在自然环境中生活与游戏的无限乐趣。

树枝大力士

(由茅晓萌老师提供)

游戏背景

户外野炊游戏深受孩子们的喜爱,每一次体验都能为他们带来新颖而独特的感受。孩子们热衷于收集各式各样的树枝与树叶,将它们变成野炊游戏中的烧烤架与美味佳肴,以享受一场场别开生面的"自然野炊"。这一过程中,孩子们对游戏保持着高度的新鲜感,并乐在其中地亲手制作"食物",体验着返璞归真的乐趣。

某次游戏中,一个孩子灵机一动,向他的伙伴提议:"我们一起来开个烧烤店吧!"这个想法迅速得到了同组孩子的积极响应,大家都觉得很有趣。然而,在游戏实施过程中,他们遇到了一个难题:锅总是容易掉落,难以稳固。正是这个实际问题,引发了游戏"树枝大力士"。

游戏实录一:架不住,要掉了

婷婷、煜煜和萌萌在玩烧烤的游戏。

萌萌说:"我们一起来开个烧烤店吧,我来当老板。"

婷婷说:"那我来做烤串,我要去捡很多的树叶,萌萌你跟我一起吧。"

煜煜说:"我来烧烤,我以前跟我妈妈出去玩时就吃过烧烤。"然后,他还找到了锅,继续说,"我找到了锅,我们也可以把食物放在锅里煮。"

分工完成后,他们就开始了游戏。

婷婷细心地串好了"食物",随后,煜煜准备去制作"烤串",而萌萌则打算将它们放入锅中烹煮。萌萌很快发现由于缺少锅架子,无法生火,烹饪计划受阻。

这时,煜煜灵机一动,提议道:"我们可以找些石头来搭一个高高的架子。"几个孩子听后立刻行动起来,齐心协力地将石头堆叠得高高的,很快就完成了简易的锅架。但当他们尝试将锅放上去时,却发现石头表面太滑,锅子无法稳固,有倾倒的风险。

游戏结束之后,在分享环节,我问孩子们:"你们在玩游戏的时候有没有遇到什么问题呢?"

煜煜说:"我们的锅需要一个架子,然后萌萌用石头搭了一个,但石头太滑了,锅一直会掉下去。"

我说:"那我们一起想想有什么好办法。"

"那就用其他东西搭。"

"我觉得要搭一个圆形的架子,因为锅就是圆圆的。"

…………

于是,我说:"那就按照你们的想法都试一试吧。"

【分析与支持】

孩子们的游戏经验在不断积累中日益丰富,他们学会了创设生动的游戏情景,并勇于尝试分工合作,这无疑是他们能力的一次显著提升。在游戏中,萌萌遇到了一个难题:没有锅架子就无法生火,进而无法烹饪食物。面对挑战,孩子们没有选择放弃游戏或直接寻求老师的帮助,而是展现了高度的自主性,自己寻找解决方案 —— 用石头搭建一个锅架子。

面对失败,孩子们不仅没有放弃,还有了进一步探索的愿望。探索过程不仅促使孩子们的游戏内容更加丰富,还促使他们在自然中不断学习、积累新经验。《3—6岁儿童学习与发展指南》倡导教师应支持和鼓励幼儿用适宜的方法探究和解决问题。因此,老师应引导孩子围绕在游戏中遇到的问题展开讨论,并鼓励他们大胆尝试,不断提高孩子通过共同协商来解决问题的能力。

游戏实录二:搭一搭,试一试

第二天,孩子们提出了很多设想,并开始逐一尝试。
"可以用树枝来搭。"
"把树枝用绳子捆住,我昨天和妈妈一起找资料,网上的图片就是这样子搭的。"
"下面要立起来,用很粗的东西。"
"我觉得正方形也可以。"
于是,带着这些设想,孩子们再一次来到游戏场地进行尝试,并捡了很多树枝。
煜煜和萌萌拿了锅进行尝试。
萌萌说:"树枝怎么搭得高高的?要把锅架起来。"
煜煜说:"我们要在一个东西上面放树枝。"
婷婷说:"可以把石头先垒得高高的,再把树枝放上去,要那种很大的石头。"
几个孩子找来一些石头垒高,然后把树枝放上去,但树枝马上就掉了下来。
婷婷说:"石头太小了,而且滑滑的,树枝放不上去。"
煜煜看了看周围,发现了一些木桩,他觉得可以用木桩。
萌萌把树枝放在几个木桩上面,摆出了一个正方形,然后把锅放了上去。很快,锅又掉了下来。
煜煜觉得正方形太大了,所以锅会掉下去。
这时,婷婷说:"我们把这个正方形搭得小一点儿。"
三个孩子开始尝试,发现锅终于不掉了,他们非常高兴。
回到教室,孩子们迫不及待地说着今天的新发现。
婷婷说:"把树枝摆成小小的正方形,就可以放锅了。"
孩子们展现出了丰富的想象力。显然,要搭建一个稳固的架子,需要考虑材料的选择、形状以及搭建的方法。那么,树枝应该如何摆放才能使锅更加稳固呢?除了树枝,是否还有其他材料可以替代?这些问题激发了孩子们去探索更多潜在材料的兴趣。

【分析与支持】

在游戏中，孩子们遇到了诸多挑战，但他们的坚持精神令人钦佩，即便经历了多次失败，也未曾放弃，始终在努力寻找解决问题的途径。这一过程中的成功与失败，与多种因素紧密相关，包括所选的材料、搭建的方法等。这些复杂的因素，对于中班的孩子来说，确实构成了一定的挑战。因此，在未来的游戏中，老师可以提供更为丰富的材料支持，并辅以图示等直观的方法指导，以鼓励孩子们勇于尝试，不断探索。

在游戏过程中，老师也将密切关注孩子们的创新搭建方式，并据此不断完善图示，以期找到最为稳固的搭建方案。与此同时，除了老师在游戏中的指导与支持，也鼓励孩子们回家后借助家长的力量，以获取更多关于烧烤架构建的经验。家长作为孩子不可或缺的支持者，能够极大地丰富孩子的生活阅历，并为其提供宝贵的建议与指导。

游戏实录三：比一比，谁更稳

根据孩子们的需求，我在野炊区放置了一些烧烤架搭建的图示，并且投放了几根粗壮、平滑的树桩，为孩子们的进一步探索提供支持。

孩子们来到了野炊区，这一次，他们还是选用了树枝。煜煜很快发现了一边的图示，并根据图示开始搭建烧烤架，他先把树枝摆成了一个三角形（没有交点），然后将锅放上去。他发现中间的空间太大了，锅会掉。萌萌看着图示，把树枝的位置进行了调整，她把一根树枝架在另一根树枝的上面，相互穿插，形成互锁支撑。几个孩子期待满满地把锅放上去,成功啦!

另外,孩子们收集了很多材料:吸管、竹签、筷子……煜煜对其他材料也很好奇,他拿起吸管,发现吸管很轻,很容易弯折。接着,他又拿起筷子,按照图示的方法进行了搭建。他发现筷子比较短,于是,他想把两根筷子组合在一起。煜煜找来了麻绳和婷婷说:"我们来比一比谁搭的架子更稳吧!"于是,他们开始了一场充满趣味的比赛。最后,他们发现长长的、粗糙的材料更适合用来搭建。

婷婷说:"太好了,我们可以开始'烧烤'了。"

煜煜听了之后,迫不及待地开始串"烤串",萌萌用互锁的方式搭好了锅架,把"烤串"放在了架子上。

很多孩子来到了他们的"烧烤店"。

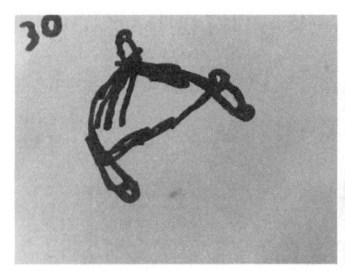  

【分析与支持】

这一次,在孩子们坚持不懈的探索以及图片支架的辅助下,他们终于成功地搭建出了"烧烤架"。这一成就不仅激发了其他孩子的好奇心,还自然而然地引发了一场趣味横生的烧烤游戏,促进了孩子们之间的更多互动与交流。从"烧烤架"的巧妙搭建到烧烤游戏的自然衍生,这一过程充分展现了孩子们在游戏中的丰富想象力与创造力。孩子们不仅收获了宝贵的建构经验,更在游戏过程中享受了乐趣,实现了多方面的成长。

为此,我们计划持续在野炊区投放更多材料,孩子们也可以将生活中看到的各种材料加入其中。同时,我们也鼓励孩子们尝试不同的搭建方式,以激发他们更深入的探索欲望。游戏的核心价值在于培养孩子的思维能力与解决问题的能力,更好地引导孩子探索世界,发现世界的无限可能。

游戏反思

游戏的丰富性和趣味性源自孩子们丰富的想象力和创造力，而游戏的顺利推进则依赖于孩子们的发散性思维与坚定的意志力。

在绿野游戏"树枝大力士"中，不起眼的树枝扮演了关键角色，孩子们在寻觅树枝的过程中，通过细致的观察、触摸与比较，积累了大量相关经验。他们深入探索，发现树枝的颜色、粗细、长短、软硬等特性均对游戏结果产生着一定影响。这一过程中，孩子们深刻体验到了大自然中自然材料的多样性与魅力。此外，这次经历也为孩子们后续自发地探索并寻找新游戏材料奠定了坚实基础，并激发了他们为提高支架稳定性而尝试多样化搭建方式的热情，从而进一步提升了他们的空间想象力。

《3—6岁儿童学习与发展指南》指出教师应通过提问等方式引导幼儿思考并对事物进行比较观察和连续观察。在本次游戏中，我欣喜地目睹了孩子们的积极思考与显著进步。因此，我们应当在游戏中给予孩子足够的空间与包容，鼓励他们勇于提出猜想与假设，即使失败，也支持他们不断尝试。这种勇于尝试、不怕失败的学习态度，是孩子们成长过程中不可或缺的极为宝贵的学习品质。在后续的活动中，我会继续鼓励孩子们从小问题入手，在游戏中探索，引导孩子们进行有意义的学习。

家

（由蔡李华老师提供）

游戏背景

绿野游戏开始了,孩子们兴奋地欢呼着,四处张望,这是他们进入中班后的第一次绿野游戏。

"我想搭个家。"

"我想搭个房子。"

"我想搭个滑梯。"

"我和言言、北北想搭个游乐场。"

……

孩子们七嘴八舌地说着,来到户外的游戏区。孩子们的游戏就这样开始了……

游戏实录一:搭建"家"

今天,孩子们一起在户外搭建一个"家"。

阳阳和泽泽为一组,他们先拿了一些长条的积木放在地上。泽泽继续去积木柜中拿积木,阳阳则拿起一个长条积木搭在另外一个长条积木的上面,又拿了一个搭在旁边。阳阳继续拿起旁边的方形积木搭建,就这样搭了一排。而泽泽一直在不断地运送积木。

阳阳一直拿积木不断地往上叠加,用不同厚度的正方形积木、长方形积木往上叠放。不一会儿,积木就叠得很高。泽泽走过来,拿了两块积木递给阳阳。就这样两人越叠越高。

这时,一个绿衣女孩儿走过来,拿起一块积木往上叠,还用手按了一下最上面的一块积木。

积木一下子全倒了。泽泽看着积木笑了笑。阳阳也看了一下积木,又看看绿衣女孩儿,说:"怎么倒了呢?"

"不牢固。"旁边一个白衣男孩儿说。

"哪里不牢固?"我问。

"他的积木没有放整齐,有些地方都是这样的。"白衣男孩儿用手比了比动作(歪的)。

"哦,不整齐,就倒了。"阳阳说着,一边整理积木,一边重新开始叠放积木。

【分析与支持】

在游戏中,孩子们自发地萌生了搭建"家"的愿望,并主动选择在建构区域利用自己喜爱的积木进行构建。他们已初步展现出合作意识,确立了清晰的搭建目标,有了明确的分工:一人负责积木的运输,另一人则专注于搭建,两人之间的合作极为默契。然而,我发现孩子们使用的材料仅限于方形积木,且搭建过程略显随意,技能上局限于单一的单层叠高和平面堆砌,未能有效确保积木间的对齐与稳固,结果导致搭建物轻易倒塌。这一现象揭示了孩子们在搭建游戏中尚处于简单的叠高阶段,构建稳固结构的意识尚待加强。

第一次建构游戏结束后,孩子们围绕"家"为何会倒塌的问题展开了热烈讨论。鉴于中班第一学期的孩子的思维尚属直观阶段,加之他们对"家"这一空间结构的理解及构建经验欠缺,老师精心准备了多样化的家的图片供孩子们观察。中班的孩子已具备观察并辨识事物间差异的能力,因此他们很快便注意到图片中的家与自己所搭建的"家"之间的不同。老师适时支持与引导,不仅帮助孩子们找出了房屋倒塌的原因,还通过图片拓宽了他们对家的结构的认知,使孩子们学会了错缝搭接的技巧,为后续游戏的深入发展奠定了坚实的基础。

游戏实录二:小小的"家"

这几天,孩子们在建构场地继续搭建"家"。

清和、北灵、宁宁、子悠、言言五个孩子一起搭建,他们想要搭建一个可以住下五个人的"家"。

大家分工,其他人拿积木,清和动手搭建。不一会儿,一个小小的"家"就搭好了。

清和走了进去。

"我也要进去。"言言准备跨进去。

"太挤了,不行,进不来了。"清和大声地喊。

言言不开心了:"我也想到你们'家'做客。"

清和站在"家"里,一边把积木往外推,一边叫同伴再去拿积木。清和高兴地说:"这样就可以了。"最后,这个"家"一共进去了三个人。

这时,在一边拿积木、搭积木的宁宁和北灵,站在了"家"旁边。

我看见了,就在一旁说:"你们是不是也想去做客,该怎么办呢?"

子悠看了一下旁边的宁宁,说:"我们再搭几个'家',把它们连在一起不就好了。"

然后,大家又动手搭了两个小"家",再把它们组合成了一个大"家"。也有的孩子直接搭了一个大大的"家"。

孩子们拿起一块积木放在自己的脑袋下当作枕头,他们把树叶当作扇子给自己扇风,就这样躺在"家"里。

"你们在干什么?"辰辰问。

"躺在'床'上休息,哈哈。"言言说。

"我也想进去玩。"辰辰说。

"好呀。"言言笑着说。

大家一起躺在"家"里休息。

【分析与支持】

在游戏中,孩子们对"家"已形成了基本的认知,他们懂得运用围合方式构建方形以模拟"家"的外观,并通过叠高外墙和装饰"家具"来增强"家"的真实感。我们欣喜地观察到,孩子们的游戏已不再局限于单纯的建构,而是开始向创造性游戏深化,这充分展现了绿野游戏所激发的游戏的多样性和不同游戏间的相互融合。随着游戏情节的发展,孩子们意识到自己搭建的"家"空间有限,难以满足伙伴来访的需求,这反映出中班孩子在空间感知,特别是大小、面积等概念上的不足。为此,老师适时将客人这一身份介入游戏,引导孩子们探讨如何让五个伙伴都能舒适地做客。这一新任务激发了孩子们的游戏意识,成为推动他们积极与材料互动、运用并拓展原有建构经验的重要动力。孩子们通过扩大围合范围、增加"家"的数量等方式,使游戏得以深入发展。同时,他们还展现出对积木的创造性使用,将积木想象成枕头等物品,实现了材料的"一物多玩"。尽管中班孩子的搭建成果尚显简单,但他们在自己亲手搭建的"家"里自由自在地游戏,那份纯真与快乐,让我们深刻感受到了孩子的本真世界。

游戏实录三:高高的"家"

这天,孩子们又一次来到了建构场地。游戏开始前,芊卉、清和、北灵、煜甯四人一起做了游戏计划,煜甯负责记录,其他成员一起参与了游戏讨论。这次孩子们游

戏计划的内容包括参加建构的小伙伴、搭建的主题和所需要的材料等。

游戏开始了,大家把计划书放在地上。

煜甯看着计划书,说:"我们今天需要很多很多长方形的积木。"

芊卉拿了一块积木,问:"是这个吗?"

煜甯点了点头。

积木"运"到了,北灵拿起积木,她先将几块积木平铺成长长的一条。煜甯看到了,马上拿出了计划书,说:"不是这样搭的,这样不好看,要用架空的方式。"

北灵连忙应道:"哦哦。"

接下来,北灵递积木,煜甯搭"家"的墙壁,"家"就这样越垒越高。在垒高的过程中,他们还时不时地用两只手扶着积木,调整位置。这个"家"搭建得既稳固又好看,孩子们时不时地拍拍手,表示非常满意。

高高的"家"搭好了,芊卉开心地邀请宁宁来"家"里做客。

"请进我们的'家',请坐在这里。"煜甯拍了一下旁边的一块小积木。

"请问你想喝点什么?有花茶,还有小点心。"煜甯说。

【分析与支持】

在游戏中,孩子们逐渐从随意的搭建转变为依托计划的有目的的游戏。他们认真遵循计划书进行搭建,实现了高效的分工合作。这一过程中,孩子们不仅目标清晰,还充分运用了已有的建构技能,并创新性地引入了架空叠高的新技巧。从他们特别注重积木的整齐度来看,孩子们对搭建作品的稳定性有了更高要求,在稳固结构的同时,他们努力将"家"建造得更高。

经过连续多日的搭建游戏,"家"的构造日益立体且内容丰富。随后,孩子们共同商议并整理了"家"中的物品,引入了更多游戏辅助材料,使得"家"这一游戏主题内容更加丰富多样。通过这一系列活动,孩子们不仅积累了建构经验和设计规划的经验,还增强了互动与交往能力,学会了在游戏中分工与合作,尽情享受着合作游戏带来的成功与喜悦。

游戏实录四:不同的"家"

这天,孩子们又来到了建构场地,他们忽然发现场地中有一个像帐篷的东西,感到十分好奇。

"这是什么?"凡凡问。

"我看它像个帐篷。"一诺说。

"它好像一个屋顶。"颗颗说。

大家七嘴八舌地说着。

"我也要搭一个这样的。"言言和孙孙拿来两个长条积木,又把两个积木放在一起,摆一摆,但是一直摆不好。

"有点儿难。"孙孙失望地说。

孙孙看了看四周,又继续摆弄起来。

"我知道了,这里有条缝,要把这个缝和那个缝插在一起,像雪花片一样插起来。"孙孙说着,开始将两个积木插在一起。

两人忙了好一会儿,还是没成功。然后,两人把积木放倒在地上,一起用力,终于把两个长条积木插在了一起,变成了一个斜斜的"家",孩子们又拿来一些方形的短积木,放在"家"的周围。两人还在"家"里放了一个"小桌",在"小桌"上放了石头、树叶、小花等。

"我们这是茶话会。"孙孙说。

"有哪些茶?"子悠问。

"玫瑰花茶、菊花茶、蓝莓茶……"孙孙说。

"你要喝一点儿吗?"孙孙问。

"好的。"子悠马上坐了下来。

孙孙拿着"茶杯"(石头)来了:"这是玫瑰花茶,请喝。"她一边说着,一边递给子悠。

不一会儿,好多孩子来"家"里做客了。

接连几天,孩子们都很热衷于搭建这种像屋顶又像帐篷的"家"。他们用长条积木搭建了烧烤店、美甲店、火锅店、饼干店等,用短条积木进行围合或架空,在屋子里支起小桌子和小椅子,喝茶、聊天、吃饭。

这天,宋宋搭了一个烧烤店,在里面卖"烤串"。她吆喝着:"卖烤串了,卖烤串了,快来买呀,快来买呀。"她一边喊,一边拿起一块积木放在嘴边。但是,大家都

自顾自玩,没有人来买"烧烤"。

于是,宋宋继续喊着:"快来买呀,快来买呀,什么味道的烤串都有,快来买呀,快来买呀。买一送一!"

这时,一诺、妹妹、灵灵都围了过来。

宋宋马上开心地问:"你们要吃烤串吗?"

一诺说:"那就烤一个吧。"

宋宋转过身,一边"烤",一边问:"你要什么味道的?"

灵灵在一旁看了一会儿就走了。妹妹在宋宋旁边走来走去,时不时蹲下来看。

宋宋马上问妹妹:"你要什么味道的?"

妹妹回答了她,宋宋就又开始做"烤串"了。

【分析与支持】

随着游戏的逐步深化,孩子们的兴趣已悄然从单纯的建构游戏转向丰富多变的角色扮演游戏。他们前期积累的丰富建构经验为后续的角色扮演游戏提供了多样化的场景支持。从建构游戏到角色扮演游戏的流畅过渡与场景转换,标志着孩子们在创造力和问题解决能力上有了显著提升。在建构游戏中,孩子们聚焦于构建与创造物理世界;而角色扮演游戏中,他们则需运用语言来诠释角色、描绘情境,与同伴沟通协商,解决如何吸引顾客等实际问题。大声吆喝促销、实施买一送一策略、主动邀请顾客等,这些均促进了他们的语言能力向更复杂、更丰富的方向发展。

同时,通过角色扮演,孩子们学会了合作与分享,这对他们未来的社交互动和人际关系的构建至关重要。为了持续丰富游戏内涵,我们可在后续游戏中引导孩子们在游戏场中自主发掘更多的低结构自然材料,鼓励他们以物代物,激发他们的无限创意,引导他们探索并创造出更多有趣的游戏场景与主题。

游戏反思

游戏是孩子们的基本活动形式,是他们成长与发展的最佳途径,亦是他们学习的主要方式。建构"家"的游戏根植于孩子们的兴趣与日常经验，得益于我们为孩子们提供的充裕游戏时间，他们通过与建构材料的深入互动，从简单的平铺、叠高、围合起步，逐步掌握并熟练运用架空叠高、拼插等多样的建构技能，使得建构作品实现从平面到立体、从简单到复杂的飞跃。在游戏后期，老师有意识地引导孩子们制订游戏计划，有效提升了他们的任务意识，而计划图作为辅助工具，更进一步促进了孩子们表征能力的发展。由于共同的计划，孩子们逐渐从平行游戏——较少互动与交流，过渡到有明确分工合作的建构游戏，最终发展为情节丰富的创造性游戏，孩子们的游戏水平得到了显著提升。

同时，老师在游戏中应充分尊重并支持孩子们的想法与行为，积极鼓励他们发挥创造力，唯有如此，孩子们才能实现自主建构、自发创作与自由游戏的目标。

从建构游戏向角色扮演游戏的转变，是孩子们成长过程中的一个重要里程碑，这标志着他们在认知、情感、社交能力、创造力及问题解决能力等个多维度上的显著进步。这一转变不仅促进了孩子们个人的全面发展，也为他们未来的学习与生活奠定了坚实的基础。

绿野探索家

LUYE
TANSUO JIA

管里有"趣",引水入池

(由吴明霞老师提供)

游戏背景

"沙水一世界"中,孩子们发现沙池里只有沙没有水。一些孩子就去户外洗手池一趟一趟地取水。

过了一会儿,乐乐抱怨道:"这样取水太麻烦了。"

旁边的多多附和:"是的,每次都只能取一点点。"

小宇说:"那我们做一条长长的管子吧。"

于是,孩子们自主成立了"修管工程队"。一个关于引水入池的游戏开始了。

游戏实录一:管道趣拼接

水离沙池这么远,要用什么材料引水呢?

泽泽说:"应该要用水管吧,我家的水就是从水管里流出来的。"

小宇说:"我们用管子给水造一条'路'吧!"

小宇的建议引发了孩子们的讨论:"哪里有管子呢?"

多多说:"买一根吧。"

熙熙说:"可是我们没钱,怎么买?"

泽泽说:"沙池旁有一些被切开的管子。"

乐乐说:"对呀,把那些管子拼起来就可以了!"

大家都赞同乐乐的提议。

熙熙和小宇拿起被切开的管子,一个接一个地连起来。一旁的泽泽承担了传递的任务,他捡起地上的管子递给熙熙和小宇。在孩子们的齐心协力下,管子很快拼好了。随后,孩子们进行了通水试验,但水流只能过第一段管子,然后就直接流到了地上。

看着流到地上的水,小宇说:"这样搭不行,水流到地上了。"

泽泽说:"管子和管子之间的接口不能断开,要连在一起才行,不然水就会漏出来。"

熙熙说:"有的摆法是不对的,中间空空的,没接上,它才会漏水。"

"到底怎么摆才会不漏水呢?"我问孩子们。

问题一出,熙熙用手点了点脑门,歪着脑袋说:"用沙子把缝隙堵住。"

乐乐说:"那不行,水会把沙子冲走的。"

小宇说:"我们把前面的管子和后面的管子重叠一点儿,没有缝就可以了。"

第二天,孩子们带着自己的猜想再次进行了探索,用不同的方法进行了尝试。

小宇还时不时地提醒大家:"你们要将前面的管子和后面的管子重叠一点,这样才不会漏水。"细心的多多还检查了管子之间是否有缝隙,遇到有缝隙的接口,他还会用手压一压。

拼接问题终于解决了,孩子们迫不及待地进行了通水试验。

【分析与支持】

管道拼接游戏源自孩子们在玩沙取水过程中遇到的实际问题,这一问题自然而然地激发了孩子们的游戏兴趣以及探索与解决问题的内在动力。在游戏进程中,我观察到孩子们自发形成小组进行合作,他们积极搜寻游戏材料,并通过共同讨论,找到了解决连接管道难题的有效策略,这一过程充分展现了孩子们在游戏中的主动性和积极性。

在尝试解决"管子如何有效连接"这一具体挑战时,孩子们还意外发现了水流与管子连接状态之间的微妙关系——当管子连接处存在缝隙时,水便无法顺畅地流入沙池,这一发现促使他们进一步思考。从最初的玩沙、取水,到后来的管道连接,游戏内容随着孩子们在游戏过程中不断产生的新需求和发现的新问题而逐步深化。每当孩子们的想法通过实际操作得到验证,他们的探究精神便得到了进一步激发,不断催生出的新的兴趣点和疑问,使原本简单的管道拼接游戏演变成了一场更为深入的探究之旅。

游戏实录二:"坡"的建构

在新的通水试验中,旧的问题解决了,但新的问题又出现了:水流顺利地通过了前面管道,但流到最后一段时,就不再往前。一直到游戏结束,孩子们还是没能让水顺利到达水池。

熙熙说:"老师,我们把管子连接好了,但是水流到了最后就过不去了。"

多多也说了同样的问题:"水到最后就过不去。"

我问他们:"是啊,水管接好了,但是水还是流不进沙池,这是为什么呢?"

多多说:"最后一段管子架在沙池的台阶上,管子变高了,水才流不过去。"

小宇说:"水流太小了,才流不过去的。"

乐乐说:"我们可以用手扶一下管子。"

小宇说:"不行,那样太累了。我们可以把管子都垫得一样高,变成一个平平的'坡',水就可以流过去了。"

孩子们开始将铲子、竹筒、弯管等材料铺垫在现有的管子下,但是管子会从铺垫物上滑下来。

小宇说:"弯弯的管子太滑了。"

多多说:"我去拿平一点的材料垫在管子下面。"

孩子们说干就干,他们找来平平的积木、砖块等,将之前容易滑落的材料进行了替换。很快,大家就将"平坡"建好了,并进行了通水试验。

多多说:"这下总能通过去了吧!"

泽泽把水开到最大。只见水顺利地往前流去,但流到后面的时候,水越来越少,越来越慢,流到沙池只有几滴水了。

多多问:"水流得太慢了!"

泽泽说:"水太少了"

小宇观察了一下,皱着眉头说道:"我们的'坡'搭得太平了。"

泽泽说:"那我们把它搭得高一点吧。"

多多说:"那我们把管子搭成滑梯的样子,水就可以很快流到沙池了。"

孩子们从材料筐里取来可以叠高的物品,开始搭支撑架。

不久,乐乐说:"筐里的材料没了。"

多多抢先说道:"我们去'什么都有屋'看看。"

小宇说:"我去向其他老师借。"

过了一会儿,孩子们有的找来了砖块,有的收集了积木,有的搬来了木凳……尽管孩子们在幼儿园的各个角落找来了材料,但还是不足以搭建支撑架。

多多说:"我们自己回家找一些工具吧!"

多多的提议得到了大家的认可。第二天,孩子们带来了鞋盒、箱子、水管等,准备进行新一轮的尝试。

在搭建的过程中,泽泽说:"这样搭出来是不行的,我爸爸教我要从大到小、先高后低。"

孩子们听了泽泽的建议,把第一段管道的位置垫得最高,并依次递减,最终搭建出了"斜坡"。接着,孩子们进行了通水试验。大家兴奋地大喊:"有水了!有水了!我们终于成功了。"

  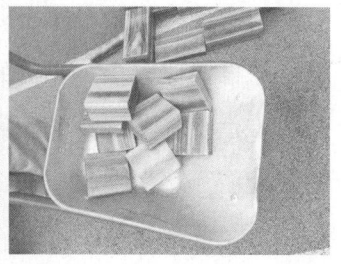

【分析与支持】

《3—6岁儿童学习与发展指南》明确指出要多为幼儿选择一些能操作、多变化、多功能的玩具材料或废旧材料。绿野游戏场域中的"什么都有屋"材料库以其开放性和丰富性,已成为孩子们心中的宝地。每当需要材料时,孩子们总是首选前往材料库寻找。此外,我们秉持开放理念,鼓励孩子们跨区域挑选合适的游戏材料,以充分满足他们在游戏中的需求。

在从"平坡"到"斜坡"的探索中,孩子们不仅解决了游戏过程中遇到的问题,还在寻找材料的过程中,通过与材料的互动,积累了更多关于材料多样性和特性的经验,并发现了坡度与水流之间的有趣关系。

在游戏过程中,孩子们获得的支持不仅源自老师的引导,还常常来自家长的启发。孩子们运用自身经验,借助多样化的材料解决游戏中遇到的难题,从而体验到了游戏带来的欢乐与成就感。

游戏实录三:"小船"入池

通过不断尝试,孩子们搭建的"斜坡"能够将水引入池中了。这时,一阵风吹过,一片树叶正好落进了管道,有孩子发现了管道里的这片树叶,并看着树叶顺着管道的水流漂到了沙池中。

小宇高兴地说:"哇,这个小树叶像小船一样在水上漂!"

多多说:"我们来比一比看谁的'小船'漂得更快吧!"

于是,孩子们捡了树叶放进管子。但是,孩子们很快就发现两片树叶总是一先一后地漂到沙池里。

小宇说:"我们再搭一条管道吧,这样就能比赛了。"

凭借前两天搭建管道的经验,孩子们迅速完成了一条新管道的搭建。随后,他们决定进行一场比赛,看看哪个管道能让树叶漂流得更快。于是,孩子们纷纷前往草地,收集了大量树叶,在搭建好的管道中展开了激烈的竞赛游戏。

沙池里不时传来孩子们的阵阵欢笑声,他们的热情丝毫未减,这场充满乐趣的游戏就这样持续着……

【分析与支持】

很多时候,孩子们游戏的灵感就源自不经意间飘落的一片叶子或一朵花。前一个游戏的成果往往会自然而然地转化为后一个游戏的背景,从而引发新的游戏情节。例如,孩子们不仅成功地将水引入池中,还以此为契机,利用管道创造性地开展了树叶漂流的竞赛游戏。我们真切地目睹了孩子们在游戏中展现出的自主性和创造力。在游戏中,孩子们自然而然地掌握了坡度与水流速度之间的关系,正是这一发现,让他们在树叶漂流竞赛中享受到了无穷的乐趣。游戏不仅激发了孩子们的探索欲和团队合作精神,还让他们体验到了成功的喜悦,从而更加热爱游戏。孩子们爱玩的天性在游戏中得到了充分的释放和满足。

游戏反思

这次游戏始于玩沙活动,最终演变成为管道中的树叶漂流游戏。我们观察到,孩子们的游戏进程并非简单的直线发展,而是能够因新材料的引入而催生出全新的游戏主题,这正是他们带给我们的惊喜。

苏联教育学家克鲁普斯卡娅说:"游戏对于孩子来说,不仅是娱乐,也是一种学习,而且是最自然、最有效的学习形式。"在游戏中,我们目睹了孩子们为成功将水引入水池所展现出的不懈努力与坚持。他们不仅认识到水的流动性,还深入探索了管道角度与水流速度之间的关系。随着游戏的逐步深入,孩子们与环境、材料积极互动,这让他们获得了宝贵的经验和成长的机会。这一过程充分证明了绿野游戏作为一种融合创意与乐趣的学习方式,在促进孩子成长与发展方面扮演着不可替代且意义重大的角色。

同时,我们在这次游戏中深刻认识到,材料对于孩子们在游戏中的探索具有举足轻重的意义。一个开放性的材料库,以及那些源自自然、结构简单的材料,极大地促进了高质量、深层次游戏的产生。孩子在反复的探索与尝试中,逐渐成长为小小绿野探索家。

钓　鱼

（由蔡李华老师、罗灵屿老师提供）

游戏背景

绿野游戏开始了！"沙水一世界"的孩子正自发地开展着各项游戏活动，有挖水渠的，有挖"陷阱"的，有建构沙滩城堡的……沙地旁的水池边也围满了孩子。

"哇！我的鱼钓上来了！"一个孩子的惊呼声吸引了我。我走近小池塘一看，粟粟正拎着一个水桶，水桶里面漂浮着一条塑料小鱼。粟粟告诉我，他在玩钓鱼游戏。

这时，一旁的悦悦说："我也想钓鱼！"

玛丽也说："让我也来玩一下吧！"

粟粟皱了皱眉头："可是我还想玩呢！"

"还有别的鱼吗？"悦悦问。

"没有了，我就找到了这一条。"粟粟将唯一一条塑料小鱼拿在手里。

没有鱼了，怎么办呢？小小的问题引发了孩子们的探索欲望，故事也就这样开始了……

游戏实录一：有趣的鱼

在游戏分享环节，悦悦抱怨："粟粟都不把鱼和我们分享！"

玛丽也附和道："是的，他就一直拿着那条鱼，不肯给我们。"

粟粟反驳道："就一条鱼，这么多人轮流玩，我该等多久啊！"

…………

孩子们开始七嘴八舌地讨论，没有鱼怎么办呢？

这时,屠屠说:"再去找几条鱼不就好了吗?"

屠屠提出的建议又引发了孩子们七嘴八舌的讨论。

"小鱼从哪里来呢?"玛丽问。

昕昕提议:"去买几条鱼放在池塘里养着吧!"

屠屠回应:"那可不行,池塘里有好多沙子,鱼会死的。"

昕昕又说:"那我们自己做几条鱼吧?"

孩子们纷纷赞同昕昕的意见。

但是,问题又来了:怎么做小鱼呢?用什么材料呢?

"在纸上画一条鱼,然后剪下来吧!"悦悦说。

"不行,这样肯定会打湿的!"孩子们异口同声地说。

什么材料才不会被水打湿呢?问题一出,粟粟首先灵机一动:"小河里不是经常会有很多树叶吗?我们用树叶来做小鱼吧?"

孩子们都觉得粟粟的想法很好。

【分析与支持】

在水池边进行钓鱼游戏深受孩子们喜爱,老师敏锐地捕捉到了孩子们在游戏中的冲突,并巧妙地利用游戏分享环节,激发了孩子们的讨论热情。围绕开放性的话题"没有鱼怎么办",孩子们积极投入对话,凭借在绿野游戏中积累的丰富经验和创造力,自主找到了解决方案:利用身边的自然材料——树叶,作为小鱼的替代品,巧妙地化解了游戏中"鱼"资源短缺的难题。这一创造性的举措,不仅为孩子们持续享受钓鱼游戏的乐趣奠定了基础,也为后续在游戏中展开更多有意义的探索活动埋下了伏笔。

游戏实录二:初次钓鱼

第二天,孩子们便带着树叶来到池塘边,将它们抛进池塘。

有的孩子拿来水桶、网兜,在岸边捞池里的"鱼",有的孩子直接跳进池里捞。

"我钓到'鱼'啦!"

"我也钓到了。"

这时,站在一旁围观的屠屠提出了质疑:"我感觉他们现在不是钓'鱼',是用水桶在捞'鱼'!"

游戏后,屠屠又提出了自己的疑问:"用水桶捞'鱼'是钓'鱼'吗?"

"好像不是……"有些孩子说。

"那钓鱼是怎么样的?你们见过别人钓鱼吗?需要用到什么工具呢?"我问。

"渔竿!"大家异口同声地回答道。

"没有渔竿怎么办呢?"我又问。

"可以买一根!"粟粟说。

"我觉得可以自己做渔竿。"屠屠说。

"用什么来做渔竿呢?"我再问。

"用树枝就好了,在树枝上绑根绳子!"王子说。

孩子们开始在游戏场域里到处寻找树枝,然后将树枝做成渔竿开始钓鱼。很快,孩子们发现这样的渔竿钓不到鱼。

"我看见爷爷的渔竿有个钩子,我们还要做一个鱼钩,才能钓到鱼。"悦悦大声地说。

这时,王子向我求助:"老师,渔竿是什么样的啊?"

为了使孩子们快速、直观地获取关于钓鱼和渔具的信息,我用手机上网搜索了相关图片。

王子高兴地说:"我们可以用铁丝做鱼钩!"

有孩子直接说:"我们没有铁丝。"

王子说:"那我们去'什么都有屋'材料库里找一找吧。"

好几个孩子跟着王子一起跑去了材料库。很快,他们找来了回形针。孩子们高兴地说:"老师,把回形针扭一扭,就可以变成鱼钩了!"

"可以在'鱼'上打个洞,就可以用回形针'钓'起来了!"

…………

孩子们开始忙着在水池边做渔竿:用树枝做竿子,麻绳做鱼线,回形针做鱼钩。

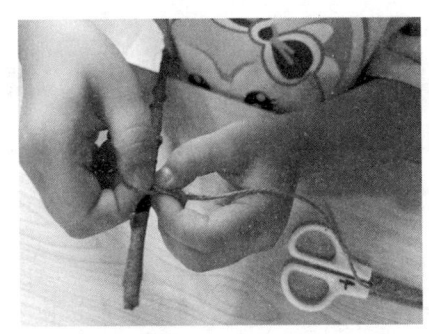 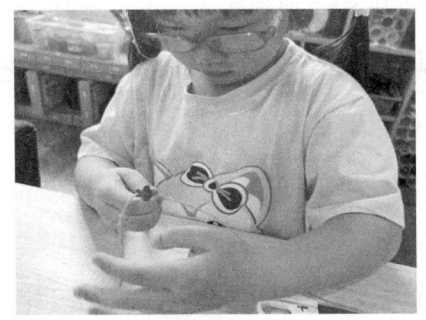

【分析与支持】

在这次钓鱼活动中,孩子们遇到的实际问题源于对渔竿使用经验的不足。为了解决问题,孩子们通过网络查找信息,习得了从网络上获取信息的能力。老师在游戏过程中的指导是启发式的,不是直接给出答案,而是通过点拨,引导孩子们前往材料库探索,鼓励他们运用已有的生活经验和游戏经历,来寻找合适的替代材料。这一过程极大地促进了孩子们创造性地运用材料以及解决问题的能力。在游戏中,孩子们不仅学会了观察与发现,还展现出了自主思考和解决问题的能力。

游戏实录三:尝试钓鱼

第二天,还没到绿野游戏时间,孩子们就已经迫不及待地想用自制的渔竿"钓鱼"了。更多的孩子加入了钓鱼组,想试试自制的钓鱼竿能不能钓上来"鱼"。

他们拿出前一天活动中做好的自制渔竿和"鱼",把"鱼"放进水里,然后拿着自制渔竿开始"钓鱼"。

"我怎么钓不起来'鱼'呢?"玛丽说。

"你们不要动,要不然'鱼'也跟着动了,就钓不上来了。"悦悦说。

孩子们站在一个地方,开始盯着"鱼"。

"我钓上来'鱼'了!"悦悦兴奋地说。

"我还没钓上来,回形针好难对准'鱼'上面的洞呀。"屠屠嘟着嘴说,眼睛还盯着水里的"鱼"。

"我的'鱼'到哪里去了?"沁沁大声叫。

孩子们一边钓"鱼",一边走动着,追逐着"鱼"。过了大概40分钟,绿野游戏的时间要结束了。

"你们钓了几条'鱼'?"我问。

"就钓了一条。"悦悦说。

在游戏分享环节,参与过钓"鱼"的孩子们都表示自制渔具压根无法使用。

孩子们纷纷抱怨:"太难了。"

"为什么钓不上来'鱼'呢?"我问。

"水流来流去,把'鱼'推开了。"粟粟说。

"渔竿不听我的,我轻轻一动渔竿,'鱼'也动了。"玛丽说。

"我就成功了一次。'鱼'太轻了,会漂走。"悦悦说。

"回形针好难对准'鱼'上面的洞呀!"屠屠说。

"那可以怎么解决呢?"我追问。

孩子们陷入了沉默。

我说:"想一想,我们在班级里是怎么玩钓鱼游戏的呢?"

"老师,我想到办法了!"粟粟说,"可以在'鱼'上粘上磁铁,然后自制渔竿上的回形针就可以直接吸住'小鱼'了!"

"我也是这么想的。"悦悦说。

于是,粟粟找来了一块圆形的小磁铁,然后用双面胶将它粘在"鱼"上,拿起自制渔竿一吸。哇,果然吸住了!这个方法非常有效。

【分析与支持】

在尝试过程中,孩子们遭遇了新挑战,这促使他们的游戏进入了更加富有意义的探索阶段。面对难题,孩子们首先分析了"鱼"难以被钓起的原因,随后依据自身经验,合理推断并总结出问题的根源——水的流动性。通过观察、分析、判断、推理,孩子们展现出积极的思考态度,并将关于磁铁的知识巧妙地应用到钓鱼游戏中。在不懈寻求解答与解决问题的过程中,不仅游戏本身变得更加丰富多彩,而且随着游戏的深入进行,我们见证了孩子们对水和磁铁特性的进一步认知,更深刻地感受到了孩子们在游戏中展现出的品质。

游戏实录四:再次钓鱼

这次,孩子们自信满满地提着自制渔竿去钓"鱼"了,他们觉得一定能成功。

悦悦刚把"鱼"扔下池塘,"鱼"就沉到了水底,再加上水中有一些沙子,所以根本看不清"鱼"在哪里。

"'鱼'呢?'鱼'呢?"悦悦着急地喊。

"我看不清'鱼'了!"粟粟说。

"我的回形针一直浮在水面上,下不去。"玛丽说。

"哎呀,终于钓上来了一条!"过了许久,粟粟总算钓起了一条。

其他孩子也遇到了相同的困难。虽然最后回形针都与磁铁相吸,钓上了"鱼",却花费了很多时间,这可怎么办呢?

"老师,还是好难钓呀,'鱼'都沉到水底了,看也看不清。"悦悦说。

"为什么'鱼'会沉到水底?"我问。

"磁铁太重了,'鱼'就沉下去了!"孩子们说。

"有什么办法可以让'鱼'不沉到水底呢?"我又问。

这时,悦悦突然说:"我有办法了!要这样子做!"她拿起一根自制渔竿,将上面的回形针取了下来,又拿起一条"鱼",将上面的磁铁取了下来,"我觉得可以把它俩换一换,就是把回形针别在'鱼'身上,把磁铁绑在渔竿上。"

悦悦将调整后的"鱼"扔下了水,"鱼"漂浮在水面上。她又飞快地拿起自制渔竿,抛入水里,重重的磁铁立刻没入水中。只花了几秒钟的时间,悦悦就成功将"鱼"上的回形针吸住,把"鱼"钓了起来!见此场景,一旁的孩子们都欢呼起来。这次,他们真的成功了!孩子们兴奋地将剩下的渔具都进行了调整。

这天阳光正好,孩子们围在池塘边进行了钓鱼比赛,一起分享成功的喜悦。

"预备——开始!"一声令下,孩子们纷纷将自制渔竿抛入水中。

"一、二、三……哇!我钓到了五条'鱼'!"

"我比你更多,我有六条……"

"你们都没我多,我钓到了八条呢!"

在欢声笑语中,孩子们的游戏还在继续……

【分析与支持】

孩子们在最后的游戏中终于成功了,找到了更好方法。整个游戏过程中,孩子们不仅主动分析问题,还积极动脑思考并努力解决问题,全程以极高的兴致参与其中,充分展现了他们对游戏的坚持,以及勇于探索的优秀品质。

游戏反思

钓鱼游戏虽然看起来简单,它却在孩子们的亲身实践中悄然蜕变,成了孩子们一次富有意义的探究性学习体验。整个游戏过程中,孩子们始终怀揣着浓厚的探究热情。他们围绕问题展开思考,积极讨论并尝试各种解决方案,同时主动收集材料和工具进行实践探索。这一过程不仅促进了孩子们既有经验的融合与拓展,还帮助他们深化了对磁铁特性的理解,并成功地将这一新获得的知识经验灵活应用于游戏之中。

此外,孩子们在探究过程中彰显出卓越的坚持精神,面对挑战毫不气馁,勇于寻求并尝试解决方案。他们展现出积极主动、认真专注、迎难而上、勇于探索尝试、乐于想象创造的优秀学习品质。

最终,钓鱼游戏促进了孩子们合作意识的觉醒与合作能力的飞跃。在游戏中,孩子们默契配合,明确分工,携手探讨问题、制作工具、调整策略。这一过程不仅加深了孩子们彼此间的友谊,也让他们沉浸在成功的喜悦之中,享受了愉悦的游戏时光。

  同时,老师在游戏的推进过程中,能够敏锐洞察孩子们在学习上的潜在增长点,聚焦于孩子们提出的疑问,引导孩子们进行深入探讨,鼓励孩子们充分利用环境中的自然资源进行自主探索。在老师的引导下,孩子们在游戏中创造性地运用材料,丰富了游戏体验,有效促进了自己的全面学习与发展。

小蚂蚁奇遇记

（由罗灵屿老师提供）

游戏背景

在一次绿野游戏中，孩子们发现草地上有许多小蚂蚁。"哇！这里有好多蚂蚁！"一个孩子的惊呼声吸引了其他孩子的驻足围观。可爱的小蚂蚁吸引着孩子们的视线，也引起了他们的议论，一个个问题出现了。"为什么这里会有蚂蚁啊？""蚂蚁住在哪里呢？""蚂蚁还会出现在哪些地方呢？"孩子们对蚂蚁的兴趣高涨。于是，一场蚂蚁探秘之旅就这样开始了……

游戏实录一：寻找蚂蚁

孩子们三三两两地组好了队，准备出发去寻找蚂蚁。

大为拿着放大镜，在石头路边的草丛中一边观察，一边用手拨开草，还扒拉着泥土，从小木屋到小农庄一路寻找，最后在小菜地里发现了几只蚂蚁。"我发现蚂蚁啦！"他高喊着，脸上满是喜悦。

琛琛空着手，绕着幼儿园的石头路走了一圈又一圈，仍然没找到蚂蚁。他皱起了眉头，气馁地说："蚂蚁太小了，我看不见，也找不到，我不想找了。"

薏米听到了琛琛的抱怨，便走过去和他说："我也找不到，我们一起找吧！我有放大镜。"

"好的，那我和你一起。"琛琛说。

琛琛和薏米两人手拉手继续寻找。转悠了一会儿，他们在一处草丛边蹲了下来。琛琛一手拨开草，一手捡起地上的树枝拨弄着落叶和泥土。薏米则拿着放大镜观察着。过了一会儿，他们发现一片枯黄的树叶上爬了几只蚂蚁，拨开这片树叶一看,竟有好几只蚂蚁一起从一个泥土洞里爬出来!

"哇!好多蚂蚁啊!"薏米和琛琛惊呼起来,引来了其他伙伴的围观。

"这好像是个蚂蚁洞!"粟粟说,"我刚刚和王子在树皮上也看到了蚂蚁!""你们也是一起找的?"薏米问。

"是的,刚刚我在这边找,王子在那边找,就马上找到了。"粟粟说。

【分析与支持】

在亲自然的环境里,孩子们总是会有许多新的发现,就像草地上的蚂蚁。兴趣是孩子们进行探索的最佳动力。在寻找蚂蚁时,大为使用了"地毯式"搜寻法,观察得比较细致与持久,观察的目的性很强,因此成功找到了蚂蚁。琛琛先是徒手寻找,因此看不清、找不到蚂蚁。随后,琛琛在同伴薏米的帮助下,他重新燃起了寻找蚂蚁的兴趣,并通过和伙伴合作寻找,成功发现了蚂蚁洞。粟粟与王子采用了分头寻找的合作方法,也成功找到了蚂蚁。游戏中,孩子们学会了使用工具和与同伴互相帮助。

游戏后,孩子们上网收集了关于蚂蚁生活环境的信息,他们发现蚂蚁喜欢在树林、草丛、田地、小溪等潮湿的地方生活,通过分享、讨论,孩子们认识到寻找蚂蚁时要仔细,要会使用工具,还要和同伴合作寻找,这样才能更快找到蚂蚁。孩子们采用图示的方式详细记录了这些方法,在寻找小蚂蚁的过程中,他们对小蚂蚁渐渐萌生了喜爱之情,这种情感进而激发了他们想要更深入地探究小蚂蚁的强烈愿望。自然,无疑成了孩子们最理想的导师和最生动的学习课堂。

游戏实录二:捕捉蚂蚁

"蚂蚁到底长什么样啊?"琛琛问。

"蚂蚁太小了,看也看不清。"王子说。

"主要是蚂蚁会跑来跑去,根本看不清。"大为说。

"我也这么觉得。"薏米附和道。

"要不我们把蚂蚁抓起来观察吧!这样它就不会跑了!"琛琛说。

琛琛的提议得到了大家的支持。

"是个好办法!"

"那我们把蚂蚁抓起来后,放在哪里呢?"

"我们去教室里找找可以放蚂蚁的东西吧!"

于是,孩子们开始行动了,他们在教室的区域中寻找着适宜的器皿。有的孩子找来了透明的、带盖子的盒子,有的孩子找来了纸杯,有的孩子找来了塑料袋……带上各自的工具,孩子们又出发找蚂蚁了。

大为和琛琛在草丛旁发现了许多蚂蚁,他们正想把蚂蚁抓进盒子里时,薏米阻止了他们:"不行!这样蚂蚁会被你们捏死的!"

"我们小心一点儿就好了。"

"这样很难抓,而且容易把蚂蚁捏死。我们用树枝把它们挑起来吧。"瑶悦边说边拿起身边的树枝引诱蚂蚁,但蚂蚁很快就溜走了。

"用这个办法试试吧。"泽泽把盒子倒过来,罩住蚂蚁,希望蚂蚁爬到盒子的边缘。

但显然,蚂蚁不听孩子们的话。

"还有什么办法呢?"薏米拿起一片树叶,"让蚂蚁自己爬上来吧。"她用树叶的顶端触碰蚂蚁,耐心等待。没过一会儿,蚂蚁真的爬上了树叶。薏米飞快地将树叶拿起,放入盒子,并赶紧将盒盖盖上。

孩子们发出了欢呼声:"终于成功了!"

昕昕也用这个方法捉到了蚂蚁,他将蚂蚁放进纸杯,可过了一会儿,蚂蚁就爬出纸杯了。

"呀！我好不容易抓到的！"昕昕皱了皱眉头，嘟囔着说。

【分析与支持】

孩子们捕捉蚂蚁时，我清晰地看到了他们对自然环境的好奇心与强烈的探索欲望。通过捕捉蚂蚁，孩子们能够积极主动地尝试多种方法，从选择合适的捕捉方式到运用恰当的工具，他们在游戏中自然而然地运用了已有的生活经验。

此外，老师可以充分利用游戏结束后的分享环节，依据孩子们在游戏中的具体表现和发现，鼓励他们勇敢地表达自己的所见所感。通过老师的提问与引导，以及孩子们之间的讨论，可以促使他们更加细致地观察蚂蚁的外形特征，深入了解蚂蚁的生活方式，并进一步探索蚂蚁的行为模式及其与周围环境的相互关系，从而加深孩子们的理解和认识。这样的游戏不仅为孩子们提供了与自然及蚂蚁亲密接触的宝贵机会，还有效地激发了他们的探究兴趣，并帮助他们掌握了科学的探究方法。

游戏实录三：蚂蚁为什么死了

这几天，孩子们经常去科学区观察蚂蚁，却发现盒子里有几只蚂蚁一动不动了。

"蚂蚁好像死了！"大为惊呼。

"蚂蚁为什么会死呢？"琛琛问。

"因为没有食物吧，然后就饿死了。"

"而且没有水，估计渴死了。"

"这个盒子有盖子，空气进不去，蚂蚁就被闷死了。"

"蚂蚁喜欢潮湿的地方，盒子里太干燥了。"

"好可怜啊。"

"那我们给蚂蚁换个地方吧。"琛琛说。

"什么样的器皿适合饲养蚂蚁呢？"

"首先，空气要能跑进去。"昕昕说。

"可以装点儿泥土进去,然后加点儿水,这样泥土就湿湿的了。"瑶悦提议。

"但是泥土黑黑的,不方便观察蚂蚁。而且泥土太多了,蚂蚁藏在里面,我们也看不见了!"昕昕反驳。

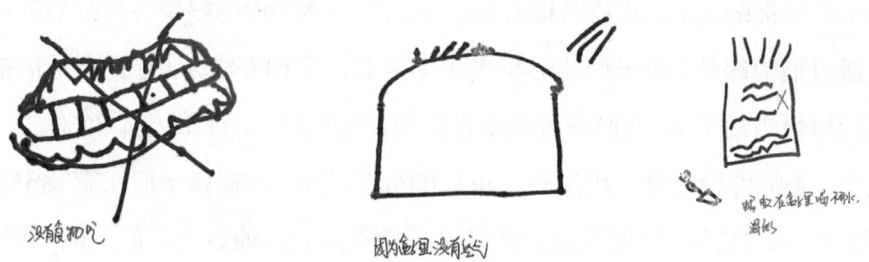

"那怎么办呀?"

"有没有专门养蚂蚁的东西呀?就像专门孵小鸭的箱子一样。"

"我们去找一找吧。"

大家带着好奇心在网上搜索信息,终于发现蚂蚁工房这一专门饲养蚂蚁的器皿。他们十分希望能在科学区放置一个蚂蚁工房。

【分析与支持】

在观察中,孩子们发现蚂蚁死了,于是他们开始积极地互动,你一言我一句地讨论着。在情感上,孩子们对蚂蚁的死都感到非常难过,同时也积极地回忆自己饲养动物的经验,最终想到先前饲养小鸭的经验,然后上网查询,找到了饲养蚂蚁的器皿。

在这个过程中,孩子们的科学逻辑思维能力得到了初步的发展,他们开始尝试分析问题、进行推理,并努力解决问题。活动结束后,孩子们兴奋地与家长讨论,并在家长的鼓励和支持下,成功地获得了蚂蚁工房。这极大地激发了他们继续探究的热情,使得他们的积极性更加高涨。

同时,老师可以引导孩子们从尊重生命的视角出发,将蚂蚁视为游戏和观察的对象,教育孩子们及时将蚂蚁放归自然。这样能将与自然和谐共处的理念深深植根于孩子们幼小的心灵之中,而这正是开展绿野游戏的最终目标与愿景。

游戏反思

在幼儿户外自主游戏活动中,当孩子们偶然遇见蚂蚁的那一刻,一扇通往自然奥秘世界的窗口悄然打开了,这一瞬间激发了孩子们展开一系列有意识、充满好奇心的探究游戏活动。孩子们以"朋友"的视角与蚂蚁展开对话,在细致观察、深入探究、积极互动及详细记录的过程中,不断探究关于蚂蚁的奥秘。

正如著名教育学家陈鹤琴先生所言:"大自然、大社会都是活教材。"孩子们与大自然之间存在着天然的纽带,他们对自然界充满无限的好奇与向往,愿意亲近并探索其奥秘。与蚂蚁的邂逅,让孩子们亲近自然,回归自然,在自然中生长。也正是这样一股"亲自然"的力量,点燃了孩子们的好奇心与兴趣,促使他们自发地进行探究。

在此过程中,老师作为敏锐的观察者,在孩子们初遇蚂蚁到追踪蚂蚁、捕捉蚂蚁,直至细致观察蚂蚁,始终密切关注、深入解读并准确识别孩子们的探究行为。老师致力于构建一个宽松且自由的探究环境,赋予孩子们充分的自主权,同时适时地给予支持与引导,以激发并发挥他们的想象力和创造力。在这样的氛围中,孩子们能够全神贯注地投入游戏,保持高昂的探究热情。在游戏后的反思环节,老师可以通过巧妙的方式引导孩子们分享自己的观察与感受,共同探讨蚂蚁的搬运策略、蚂蚁巢穴的复杂结构以及它们倾向于集体行动的原因。通过提出一系列具有启发性的问题,老师能够有效地点燃孩子们的好奇心,进一步激发他们的探索欲望,引领他们更深入地思考与学习。

在与蚂蚁的奇妙邂逅中,孩子们通过小组协作、集体讨论以及家庭参与的多元化探究方式,逐步深化了对蚂蚁的探究。这一过程层层递进,有效地促进了孩子们有意义的学习。老师可以鼓励孩子们积极采用绘画、表征或口头表达等多种形式来记录他们的游戏体验。这样的记录方式不仅能够激发孩子们的创造力和表达能力,同时也为教师提供了深入了解孩子兴趣与需求的重要参考,帮助教师更好地把握孩子们的成长轨迹。

孩子们在绿野游戏中与蚂蚁的这次偶遇,远非一次简单的游戏体验,它让孩子们在轻松愉快的氛围中收获了宝贵的新经验,促进了他们的全面发展。

绿野艺术家

LUYE
YISHUJIA

奇"石"妙想

(由赵红燕老师提供)

游戏背景

这是发生在户外区域——绿野草地上的故事。在草地上,老师创设了两个户外场景,用于摆放丰富的材料:架子、竹箩筐、竹筒、放大镜、亚克力花球,还有各种各样的石头。这个自然、开放的环境,仿佛向孩子们发出了无声的邀请,吸引了他们的注意。他们拿起石头摸一摸、看一看、敲一敲,发现每一块石头都是不同的。孩子们在和石头的游戏中,发生了一系列有趣而有意义的故事。

游戏实录一:石头畅玩

孩子们来到"石头世界",迫不及待地拿起石头玩了起来。楚楚用石头在草坪上铺了一条小路,她笑着对我说:"老师,你看,这是我的石头小路!"晗晗拿起一块石头看了看,发现这块石头比较圆,就让石头在地上滚了起来。这时,书允看见了,也拿起一块石头在地上滚起来。

这时,我发现梓栋把挂在诱导区的图片拿了下来,模仿图片中的方法,用石头拼出了圆形、方形。接着,他想挑战拼心形。他很快就拼好了,看了看说:"这好像不是爱心呀!"梓栋看了看图片,跑到诱导区,拿来一根稻草绳。他将稻草绳在地上围出爱心的形状,然后用石头沿着绳子拼出了一个爱心。

书允也拿着一张图片想尝试用石头叠高。只见他很快拿了三块石头,先在最底部放了一块石头,接着将第二块叠上去。可是,第二块石头一放上去就滑了下来。书允重新将石头叠上去。这次,他用手扶着第二块石头,过了一会儿才松手,第二块石头就叠上去了。接着,他用同样的办法叠第三块石头,这次,他也是小心翼翼的。可是,他的手一放开,第二块和第三块石头就一起掉了下来。书允再次尝试堆叠,可总是失败。经过四次尝试,书允逐渐失去信心,他很沮丧地对我说:"老师,我的石头总是掉下来,我都叠很慢了,还是会掉下来!""

【分析与支持】

石头是绿野游戏场域中十分常见的自然材料。老师巧妙地布置了自然场景,激发了孩子们自主游戏的兴趣,使环境和材料成为游戏创意萌发的关键触发点。在自由探索石头的过程中,孩子们展现了无限的创意与想象,他们进行了滚石、扔石、敲石、叠石,玩法多样。这些看似简单的游戏,实则是孩子们与大自然生动的"对话"。通过与石头的互动,孩子们联结起自己的已有经验,利用石头独特的纹理和形态进行创作,如铺设小路等。他们巧妙地排列石头,铺就了一条别具一格的小路,并在此过程中享受了与小伙伴合作游戏的乐趣。

在游戏中,老师提供的图片为孩子们丰富与发展游戏内容提供了强有力的支持,不仅激发了他们进行叠高游戏的兴趣,还助力孩子们完成了心形造型的拼搭。梓栋在游戏中展现了非凡的观察力,他能够精准地模仿图片中的样式,轻松拼出圆形和方形。面对更具难度的心形拼搭挑战,尽管初次尝试未能如愿,但梓栋并未气馁,而是选择再次细致观察图片,并巧妙地引入稻草绳作为辅助材料,最终成功完成了心形拼搭。这一过程充分彰显了梓栋出色的问题解决能力,他凭借持续的观察、深入的思考以及不懈的探索,找到了最佳解决方案。另一个孩子书允同样模仿图片进行游戏,尽管在叠石头的过程中遇到石头频繁倒塌的难题,他并未选择放弃。相反,书允勇敢地向老师求助。作为老师,我积极引导书允观察那些稳固的石头叠高作品,鼓励他通过对比观察和反复尝试,逐步掌握石头叠高的技巧,从而克服难关。

游戏实录二:石头塔

第二天的绿野游戏开始了,书允又来到草坪。这次,他拿了四块石头开始堆叠。不出所料,当他叠到第三块的时候,石头就都倒下来了。于是,我说:"我也想玩叠石头,我也来试试,我们一起玩吧!"我找了五块扁扁的石头,在书允的旁边叠了起来。很快,我就叠到了第三层,我开心地对书允说:"我成功啦!"书允凑近我这里,仔细看了看,大喊起来:"我知道了,老师,你的石头是扁扁的,我的是圆的。"

说完,书允赶紧跑到石头堆,开始翻找起来。他找了四块大小不一的扁石头,笑着说:"我找到了!"接着,他又找了两块石头。他拿着六块石头开始堆叠,他先放了一块石头在最下面,接着拿了一块不大不小的石头放在第二层,在第三层他放了一块更小的石头。"哇,第三层叠上去啦!"书允高兴地叫起来。接着,书允准备叠第四层,他拿了一块比第三层大的石头叠上去。这时,石头塔一下子又倒了。书允的脸色一下子变了。我对书允说:"别气馁,刚才你已经叠到了第三层,很厉害了,你可以再试试,一定会成功的!"

这时,楚楚也加入了,她趴着看我刚才搭的石头塔,对书允说:"你要把大的石头放在下面,小的放在上面!"于是,两个孩子一起堆叠石头塔。有了好朋友的助力,书允的石头塔终于建成了。过了一会儿,我再去看他们两个的时候,他们已经搭了好几个石头塔。他们站在白线后面,将手里的石头扔出去以击倒石头塔。他们说这是"石头保龄球"。他们旁边还有好几个孩子模仿着,和他们玩起了一样的游戏。

【分析与支持】

在堆叠石头塔的过程中,孩子们接触了"叠高"这一建构技能。然而,由于石头的独特性质——不规则性,与孩子们平时接触的积木存在显著差异,书允初次尝试时并未成功。为了帮助他积累叠高的经验,老师并未直接指导,而是采取了平行游戏的策略,引导书允通过观察,发现哪些石头更适合用于叠高。通过游戏实践,书允逐渐掌握了利用扁石叠高的技巧。然而,尽管书允发现了石头材料的某些特性,他却忽视了石头大小与堆叠高度之间的紧密联系,这导致他再次遭遇了失败。但正是这次失败,为书允提供了扩展经验的重要机会。在伙伴的协助下,书允最终成功完成了石头塔的搭建,并知道了堆叠石头塔时大石头应置于下方,小石头则应放在上方。这一新经验的获得,丰富了书允利用石头进行建构活动的主题与内容,为他未来的创作提供了更多的灵感与可能性。

在游戏中,老师化身为孩子们的最佳玩伴,不仅促进了孩子间的相互学习,还意外地发现他们利用搭建的石头塔创新发展出了保龄球游戏,这一新颖玩法迅速吸引了更多的孩子参与。孩子们对石头塔和石头保龄球游戏展现出极高的兴趣,这一迹象表明,围绕石头这一主题,孩子们定能生发出更多自主游戏。

游戏实录三:石头城堡

孩子们在绿野游戏场域里寻找各种各样的石头继续进行着游戏,很多孩子还是热衷于玩"石头保龄球"。玩了一阵子,有孩子提出来:"石头塔太小了,我们将石头塔变成石头城堡吧?"

"石头城堡怎么搭?"有孩子提出了疑问。吴瀚说:"我会搭,我可以搭一个!"于是,孩子们准备建造石头城堡。吴瀚和同伴找来了扁平的石头,诗函等负责搭建。他们用石头在地上围了一个长方形,接着,在第一层的基础上叠石头。他们把上下两块石头对齐了,但是因为石头有大有小,石头城堡的"墙"的稳定性不足,一面"墙"倒了,接着,另外三面"墙"也倒了。

吴瀚又重新搭起来,他还是按照原先的方法进行建构,可想而知,石头城堡又倒了。一直到游戏时间结束,孩子们还是没有完成石头城堡。

于是,我特意带着孩子们去了幼儿园里用砖砌起来的迷宫墙。在游戏分享时间,我出示了孩子们搭了一半的石头城堡的照片。孩子们看着照片叽叽喳喳地说了起来:"吴瀚搭的石头城堡不对,总是会倒。"

我问:"那怎样才会不倒呢?你们看到过的城堡是怎么样的?"

有的孩子说:"要像搭积木一样,不能一直往上搭。"

还有的孩子说:"要在石头上涂水泥,才能固定。"

"这里没有水泥,我们可以用双面胶、胶水和透明胶,把石头粘起来。"

"石头是粘不住的!"

这时候,钧博说:"用泥土也可以,上次我去露营,就看到过泥土粘在石头上,这样石头城堡就不会倒了。"

"到底行不行呢?我们明天一起去试一试吧。"

第二天的游戏时间,孩子们在幼儿园里到处找泥土。最后,孩子们把游戏场地挪到了泥巴乐园。他们在石头的一面涂上泥巴,还运用了错缝堆砌法来建造石头城堡,这次石头城堡没有倒了。孩子们的石头城堡虽然只有矮矮的四层,但这已经是很大的成功了。孩子们还找来了树叶、花朵装扮石头城堡。看着石头城堡,孩子们开心不已,并打算在这个漂亮的石头城堡里玩过家家。

【分析与支持】

在游戏中,孩子们表现出了极强的迁移能力和创造性。吴瀚首次尝试时,将搭建石头塔的经验直接应用于建造石头城堡,他试图采用一一对应的方式堆叠石块。每一次失败的经验都是孩子们新的探索的起源。当孩子们在游戏中遇到困难时,老师通过带领孩子们参观迷宫墙和让孩子们集体分享交流等方式,唤醒了孩子们的原有经验,并借助孩子间的对话,让他们共同探索并找到了固定石头的方法,最终成功搭建了石头城堡。尽管最终成果是一座较为低矮的石头城堡,但孩子们却从中收获了满满的喜悦,获得了成就感。孩子们对于建造石头城堡有了新的认知,他们利用石头来进行搭建和造型的能力也得到了提升。

《3—6岁儿童学习与发展指南》提出,5—6岁幼儿在成人帮助下要能制定简单的调查计划并执行。后续,老师可以引导孩子们进行石头城堡设计,引导他们依据设计图进行建构,鼓励吴瀚小组深化他们的建构游戏,并挑战更高难度的封顶任务。

游戏反思

石头在幼儿园是一种十分易得的自然材料,是特别适合孩子们开展绿野游戏的低结构材料。石头能引发孩子们开展不同的游戏,如搭石头塔、建石头城堡等。孩子们还可以利用石头进行简单的平面造型。此外,石头与花、草、树枝、泥等辅助材料相结合,能够让孩子们创造出更多的游戏主题和内容。材料的结合使用可以让孩子们在游戏中发挥创造力和想象力。

在围绕石头开展的绿野游戏中,孩子们不仅深入了解了石头形态各异的特征,还巧妙利用石头构建出石头塔与石头城堡,展现了自己的表征能力。通过反复失败与尝试,他们逐渐意识到石头的形状与大小对石头塔和石头城堡的高度及稳固性具有显著影响。这一过程中,孩子们通过与材料的积极互动,自主获取了宝贵的新经验。绿野游戏还促进了孩子们的合作，促使游戏更加多元了。

　　老师作为孩子们的伙伴，要善于创设更为丰富的游戏场景，在游戏现场敏锐地捕捉孩子们的新需求，以平行游戏或提供隐形支架的方式丰富孩子们的经验，充分利用观察、比较等手段支持孩子们在游戏中探索与发现。

树叶小人

(由皇甫丽君老师提供)

游戏背景

秋天,经过大风的洗礼,幼儿园随处可见一片片的落叶。孩子们对落叶产生了浓厚的兴趣。户外活动时,孩子们喜欢和同伴一起寻找、收集各种颜色、形状的树叶,来进行绿野游戏。在游戏中,孩子们喜欢用不同的树叶拼摆单一的图形,也喜欢将树叶无规律地拼摆。于是,老师在户外草坪打造了一个诱导式的创作环境,旨在激发孩子们的创作兴趣,拓展他们的美术想象力,并促使他们在游戏过程中实现更多可能性与技能提升。

在一次游戏活动中,淳淳与伙伴想要用树叶拼摆"树叶小人",这引起了其他孩子的注意及兴趣,大家纷纷表示也有同样的想法。就这样,绿野游戏"树叶小人"开启了!

游戏实录一:初见雏形

户外游戏时间,孩子们来到操场后,便各自忙碌起来。安安、淳淳、彤彤为一队。三人先是穿梭在草坪和跑道间,寻找、收集各种颜色、形状的树叶。收集完后,他们便坐在操场上,拼摆起来。

彤彤一边拿着树叶,一边说:"我要用各种不同的树叶来拼'树叶小人'。"淳淳马上说道:"我们一起合作吧!"安安看看两人,说:"那我帮你们挑树叶。"说完,安安便在刚收集的树叶堆里,挑选起所需的树叶来。

只见,彤彤将一片片小小的黄色树叶进行排列,围成了一个手掌大的镂空的圆。她说:"这是脸。"安安找来了五片小树叶,递给彤彤:"这几片树叶小小的,可以做眼睛、鼻子和耳朵。"彤彤一边接过树叶摆放在相应的位置,一边说:"再找一片红色树叶做嘴巴吧!"安安答应着,将红色树叶递给了彤彤。彤彤将它横着放在"树叶小人"嘴巴的位置。一旁的淳淳也没闲着,她将三片细长的黄色树叶摆成三角形,当作"树叶小人"的身体,将两片椭圆形的红色树叶放在三角形的两边,当作"树叶小人"的手臂,将两片黄色树叶放在三角形下面,当作"树叶小人"的腿。就这样,一个"树叶小人"完成了。完成后,三个孩子非常开心,拉着我一起欣赏他们的作品。

在游戏分享时,彤彤指着作品,说:"我们没有找到黑色树叶,所以用黄色和红色树叶做'树叶小人'的五官了。"淳淳紧接着说:"我用细长的树叶做'树叶小人'的手脚和身体。"安安补充说:"我帮忙找了很多树叶!"其他孩子听后,说:"这个'树叶小人'太小了。"我在肯定了孩子们的作品后,提出疑问:"有什么办法可以让'树叶小人'变大呢?"淳淳想了想,说道:"可以用大树叶摆放。"安安说:"可以让一个人躺地上,用粉笔画出人的轮廓,再按这个轮廓摆放,'树叶小人'就变大了。"安安的想法得到了其他孩子的肯定。

【分析与支持】

秋天树叶纷纷飘落,五彩缤纷,很容易诱发游戏。在初次游戏中,孩子们能共同寻找、收集材料,并积极讨论,合作完成作品的基本外形,且在操作、拼摆过程中分工明确。这也说明了三个孩子的合作意识较强。此外,在游戏中,孩子们能够与同伴友好协商。当遇到难题时,他们能够耐心倾听他人的意见和想法,积极采纳好的建议,共同努力克服困难。在材料选择上,孩子们能利用树叶的颜色、形状等提出拼摆"树叶小人",可见他们对人的身体及五官的特征已具备一定的认知经验及表现能力。他们能用树叶进行简单的人像表征,但对于"树叶小人"的大小的把握还不够准确。

老师要引导孩子欣赏多种多样的艺术形式和作品,努力丰富他们的情感体验和感性经验。老师可以在游戏评价环节让孩子和同伴进行分享,这样不仅能帮助孩子们获得成功的喜悦感,巩固孩子们已有的美术创作经验,也能使孩子们通过比较来观察、认识自己的作品。这样的方式也对他们在后续游戏中进行想象和创作有所帮助。

游戏实录二:合力整改

又到了户外游戏时间,安安一到场地,就马上躺到地上,说:"你们用粉笔把我画下来吧!"彤彤用粉笔沿着安安的身体轮廓画了起来。这一次,三人一致选择了红色的椭圆形树叶,用来表现"树叶小人"的外形及身体的各部分。他们采用树叶堆积的方式,表现"树叶小人"的眼睛、鼻子、嘴巴和耳朵。完成这些后,淳淳站起身,看了一会儿作品,说:"'树叶小人'怎么没有头发、衣服、裤子啊?"彤彤听了,也站起身看了看,说:"是啊!那我们用哪种树叶好呢?"安安说:"用黄色树叶和红色树叶做衣服,红色树叶还可以做裤子!红色树叶最好找了。"说完,孩子们便开始行动了。安安和淳淳用一排绿色树叶、一排黄色树叶交错摆放的方式完成了"树叶小人"的"上衣",彤彤用很多红色树叶给"树叶小人"做了一条"裤子"。

当"树叶小人"完成后,孩子们开心极了。他们的作品吸引了很多人的围观和赞美。小清说:"你们好厉害,我也想加入你们。"涛涛竖起大拇指,说:"好漂亮!这个'树叶小人'真可爱,你们是怎么做的?"

在分享的时候,安安兴奋地说:"画轮廓的方法真有用。"淳淳介绍:"'树叶小

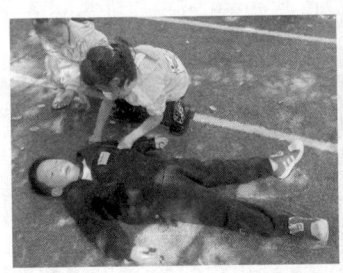

人'的五官是用很多树叶做的。"彤彤说:"'树叶小人'的衣服有两种颜色。"孩子们邀请我欣赏他们的作品。安安说:"老师,我们下次还要用更多颜色、形状的树叶。"淳淳说:"我们还可以用花和松果来装饰'树叶小人'的衣服。"彤彤说:"我们可以先画出衣服的设计图。"我告诉孩子们:"诱导区里有一本绘本《大地艺术》,看看这本书能不能帮到你们。"

【分析与支持】

通过观察孩子们的游戏过程及作品,可以发现他们的审美、创造能力有了进一步发展,他们不仅想到沿人物轮廓突出主体物,而且表现方式、技能也变得更多样,如脑袋、身体运用排列围圈的方式拼摆,五官用堆积的方式拼摆,衣服用交错排序的方式拼摆,裤子用填充的方式拼摆等。在材料的选择上,从单一逐渐转向多样,孩子们添加了各式各样的树叶。他们创作的人物形象变得更大了,造型也更加生动了。在设计时,孩子们还会细致考虑服饰的变化,为衣服增添了多种花纹,这些花纹遵循着一定的规律,色彩上则变化多端。这些充满想象力与创造力的作品,处处彰显着孩子们对数学美与艺术美的独特理解。

《3—6岁儿童学习与发展指南》指出,要创造条件让幼儿接触多种艺术形式和作品。为了丰富孩子们的想象与思考,我查阅了相关资料,发现了绘本《大地艺术》中的曼陀罗图案,其色彩丰富、形式多样,极具艺术教育价值,有助于提升孩子们的数学认知与审美能力。于是,我挑选了这本绘本以及一些简单的线描图册,放置在班级的诱导区,以便孩子们在游戏中参考,激发他们更多样的设计与创作灵感。

游戏实录三:完美竣工

一到游戏场地,安安便拿出了小组成员们画好的设计图。孩子们将上一次填充在"树叶小人"衣服里的树叶都取了出来,然后采用弧线和"ABAB"或"AAB"的排列方式将不同颜色、形状、大小的树叶进行拼摆,还用大小不一的松果进行装饰。淳淳又找来了一些红色树叶,放在了"树叶小人"脑袋的左右两侧,并排列成拱桥状,当作"树叶小人"的两个小辫子,"树叶小人"终于完成了。孩子们再一次邀请我去欣赏他们的作品,并争着要与我分享。安安说:"老师,你看'树叶小人'的衣服有好多颜色,还有太阳花呢!"彤彤指着"树叶小人"的长辫子,说道:"老师,我们的'树叶小人'变成女孩子了。"

  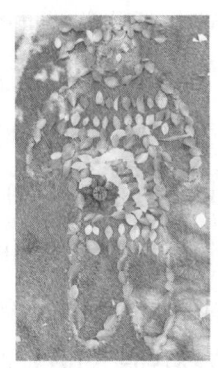

【分析与支持】

《3—6岁儿童学习与发展指南》指出,在欣赏自然界和生活环境中美的事物时,要引导幼儿关注其色彩、形态等特征。"借助绘本,孩子们在不断拼摆中,发展了初步的美感和艺术表现能力,还将排序与艺术表现有机结合,对"树叶小人"的衣服采用弧线和"ABAB"或"AAB"的排列方式进行拼摆,并增添了自然材料松果。孩子们在艺术表现和探究中,想象力、创造力、思维逻辑等有了很大提升。这个小组成员共同合作完成的作品,也让孩子们体验了合作游戏的快乐。

在后续的游戏中,老师还可以引导孩子们收集更多自然材料,用来装饰、美化作品。

游戏反思

落叶是秋天最为绚烂的风景,同时也是大自然赠予孩子们的游戏素材。自然不仅是孩子们嬉戏的乐园,还蕴藏着丰富的教育资源。孩子们从最初简单地捡拾落叶,逐渐转变为精心收集那些形态各异、色彩斑斓的树叶,并创造性地利用它们进行多样化的游戏。孩子们抛撒、拼摆树叶,尤其擅长在拼摆"树叶小人"的过程中，根据树叶的颜色、大小和形状进行巧妙的布局与设计。在这个过程中，孩子们不仅利用人体轮廓用树叶构建造型，还掌握了以曼陀罗图案为代表的复杂图案排列技巧，将平凡的树叶变成生动可爱的"树叶小人"。在游戏的过程中，孩子们细致观察树叶的各项特征，如形状、颜色、大小等，这极大地锻炼了他们的观察力。同时，这些游戏也增强了他们从自然界中寻找美、发现美的能力，培养了他们对大自然的好奇心和无限的创作热情。

绿野游戏"树叶小人"为孩子们搭建了一个自由挥洒创意的舞台。同时，在游戏环节中，孩子们自然而然地与同伴展开合作、交流与分享，他们学会了倾听他人的意见，尊重不同的想法，还学会了与同伴共同解决问题。绿野游戏不仅让孩子们在户外环境中享受了身心的愉悦与放松，还有效培养了他们的观察力、创造力、社交技能，以及对自然的深厚热爱与尊重。展望未来，在教育实践中，我们将持续探索更多富有创意的绿野游戏形式，让学习在游戏的过程中自然而然地发生，从而为孩子们的成长之路提供更为坚实的支持与助力。

泥巴蛋糕

（由章丹老师提供）

游戏背景

随着美妙音乐声的响起："祝你生日快乐，祝你生日快乐……"幼儿园的集体生日会正式拉开帷幕。小寿星们的脸上洋溢着幸福、甜美的微笑。这是幼儿园的新活动：每个月都会给本月出生的孩子过集体生日。孩子们都特别期待这个活动。幼儿园有个地方很受孩子们喜爱，那就是泥巴乐园。每天的绿野游戏时间，这里总是充满了孩子们的欢声笑语。这天，泥巴乐园里传来了生日歌……

游戏实录一：今天是我的生日

这天，泥巴乐园迎来了大班的孩子们。姚远和同伴说："今天是我的生日，我想给自己做一个生日蛋糕。"同伴马上进行了回应，大家一致决定做一个泥巴蛋糕。

于是，大家开始忙碌起来。他们将泥慢慢堆高。当将泥巴堆到一定高度后，他们开始用手将上层的泥巴抚平，并在外围捋出了"蛋糕"的装饰带。在"蛋糕"大致成形后，希希说："'蛋糕'好了，但是我们没有蜡烛，我去找点蜡烛来。"不一会儿，她带着一些柱形的积木回来了："快点儿，我们可以插'蜡烛'了。"

唱生日歌时，思远说："上次我外婆过生日，蛋糕有三层，我们也搭一个三层的'蛋糕'吧？"姚远特别高兴地说："好啊。"

孩子们又开始制作了，他们想在原先的'蛋糕'上再加一层，可泥巴很难成形，第二层叠上去后，不一会儿就塌下来了。第三层还没往上加，'蛋糕'就变形了。孩子们很沮丧，但他们决定在明天的游戏时间再试试。

【分析与支持】

孩子们有过集体生日的经历,对生日蛋糕和生日会这类话题有浓厚的兴趣。当踏入泥巴乐园时,这种兴趣自然而然地激发了他们想要制作泥巴蛋糕的愿望。然而,泥巴的塑形效果高度依赖于泥巴的干湿程度。泥潭中取出的泥巴因湿度过高,不仅难以稳固地堆叠成多层结构,还难以确保各层之间有清晰的界限,这对孩子们来说是一项具有挑战的任务。尤其是尝试构建三层泥巴蛋糕时,其复杂度超出了孩子们当前的能力范围。

老师可以利用分享时间,引导孩子们展开讨论。老师还可以通过播放蛋糕师制作蛋糕的视频,让孩子们发现支撑三层蛋糕的关键所在。随后,老师要鼓励孩子们自主寻找他们认为合适的材料,在游戏中尝试使用这些材料来帮助泥巴成形,防止其塌陷。虽然直接提供材料可能会让孩子们更快找到解决问题的方法,但这样做可能会剥夺他们探索与发现的宝贵机会。因此,老师应致力于为孩子们创造更多自主探索与学习的空间,以促进他们全面发展。

游戏实录二:我们成功啦

第二天的绿野游戏时间,几个孩子又来到了泥巴乐园,他们想要继续昨天的游戏。在和泥时,他们特意少放了水,想要让泥巴干一些。可是,不管他们怎么努力,"蛋糕"最多也只能完成两层,第三层怎么也堆不上去。

于是,我让孩子们去拿他们认为可行的材料进行尝试,我也为他们提前准备好了圆形的 KT 板,说:"孩子们,你们可以试一试,看看哪种材料可以帮到你们。"

最后,孩子们选择了在软软的泥巴上铺上 KT 板,这样"蛋糕"就很容易往上做了。他们还在中间架了积木。很快,"四层"蛋糕就成形了,孩子们高兴得欢呼起来。

【分析与支持】

在游戏中,我见证了孩子们的坚韧与不懈努力。即便多次遭遇挫败,他们依然保持不屈不挠的精神,持续尝试并不断优化策略。尽管孩子们平时已有玩泥巴的经验,但天然泥巴与孩子们经常玩的陶泥之间有着显著的差异,包括干湿度、密度和细腻度等,这为泥巴蛋糕的制作带来了新挑战。正是通过与这些材料的亲密接触,孩子们直观感受到了泥巴湿度的微妙变化,并惊喜地发现软硬适中的 KT 板不仅能支撑柔软的泥巴,还能与泥巴完美融合,提升作品的整体效果。

老师的鼓励与支持,不仅让孩子们体验了成功,更为他们日后的生活与游戏积累了宝贵的经验。孩子们发现在玩泥巴的过程中,可以巧妙地借助其他辅助材料来进行创作。这一重要发现将引领他们的游戏探索向更深层次迈进,促进游戏内容的丰富与深化。

游戏实录三:谁的蛋糕最漂亮

有了合作用泥巴制作蛋糕的经验后,每个孩子都开始尝试独立制作泥巴蛋糕。丹雯说:"上次我妈妈过生日,我爸爸买了一个很漂亮的蛋糕,上面还有玫瑰花。""我们也可以去找些花,放在泥巴蛋糕上,那一定很好看。"其他孩子回应道。

此时,大家的兴趣不再是做一个多层的泥巴蛋糕,而是想要做一个漂亮的、有特色的泥巴蛋糕。于是,在完成了基本的泥巴蛋糕胚后,孩子们开始四处搜寻能把泥巴蛋糕变美的材料。他们找来了好看的叶子、漂亮的小花、诱人的果子来装饰自己的泥巴蛋糕。

【分析与支持】

在这个游戏阶段，一名孩子的话语引发了大家的行动。这看似简单的寻找与装饰过程，实则反映出了孩子和自然的联结，体现了他们对植物的认知，对颜色搭配的审美，以及摘取方法等多种生活技能的运用。在装饰泥巴蛋糕的过程中，孩子们的创造能力得到了显著提升，他们倾注了丰富的情感，展现了对美好事物的追求与渴望。

游戏反思

集体生日会衍生出的泥巴蛋糕游戏，真实地记录了孩子们凭借已有的生活经验，不断丰富游戏内容并推动游戏发展的过程。与传统的橡皮泥塑形游戏相比，泥巴蛋糕在塑形上更具挑战性，且泥巴自然、原始的质感为孩子们带来了更为真切的触觉享受。孩子们玩泥巴的过程，实质上是对大自然的一次深刻认识与个性化加工，每一次"笨拙"的尝试背后，都是大脑思维的活跃。这一过程中，孩子们的手、脑、眼得到了协调训练，他们可以在玩耍中尽情享受。

当泥巴在孩子们的巧手上变为泥巴蛋糕时，他们的创造力和想象力被极大地激发了。在装饰环节，孩子们精心挑选树叶、花朵、果子等，不仅锻炼了观察力，更学会了在日常生活中发现美、创造美。通过运用这些自然材料，孩子们自由挥洒创意，打造出了独一无二的泥巴蛋糕。这样的游戏不仅培养了他们的创新思维与审美能力，更让每个孩子化身为绿野间的小小艺术家，用大自然的馈赠装点自己的作品。

　　此外，老师可通过促进孩子们之间的互动与合作，进一步增强游戏的互动性。共同制作泥巴蛋糕不仅能提高孩子们的团队协作能力，还能让他们共同体验合作带来的成就感与喜悦。

方案篇
FANGAN PIAN

石头大玩家

（由戴娜老师提供）

游戏背景

石头是孩子们生活中最常见的东西之一，很容易被他们忽视。但是，石头的世界中也不乏精美、奇异，能让孩子们惊叹。绿野游戏"石头大玩家"中的"找三石""改三石""说三石"三个游戏，能促进孩子们在观察、思维、动手、语言等方面的发展。

链接自然核心经验

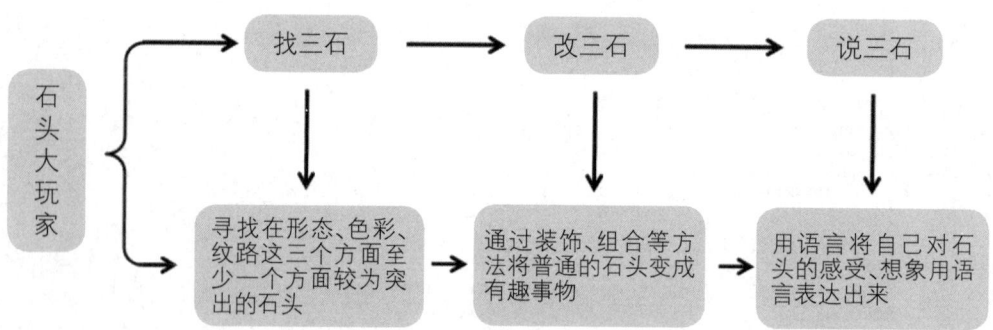

游戏实录

"找三石"是让孩子们通过多种渠道寻找在形态、色彩、纹路这三个方面至少一个方面较为突出的石头。孩子们要在寻找、比较中观察每一块石头的特质，并在"石头博览会"上和同伴分享自己找到的奇石、美石。有的孩子找到了像台风一样花纹的石头，有的孩子找到了有孔洞的石头，有的孩子找到了像肉一样的肉形石。

像球的石头　　　　　　　像肉的肉形石

"改三石"是指孩子根据石头的形态、特质,通过装饰、组合等方法将普通的石头变成有趣事物。例如,在一块石头上画上屋顶、窗户后,这块石头就变成了"小房子";半圆形和椭圆形的石头可以组合成"蘑菇";两块石头进行组合,再添加毛根条,可以成为"小人"。

石头房子　　　　　　石头表情　　　　　　石头冰淇淋

"说三石"是指孩子将自己对石头的感受、想象用语言表达出来。例如,有的孩子会用普通的石头拼出各种各样的造型,并向同伴介绍自己的作品;有的孩子会拿着变身成"蚂蚁"的石头说,这是一只很厉害的"蚂蚁",它要去找好吃的了。除了最为简单的"个体说",还有用多个石头组合后的"互动说"和加上故事背景后多名孩子参与的"会谈说"。

个体说　　　　　　　　互动说　　　　　　　　会谈说

游戏建议

1. 关注孩子的游戏情况,根据孩子的兴趣和能力适时调整游戏内容和难度。
2. 鼓励孩子将"找三石""改三石""说三石"的游戏体验进行分享。
3. 孩子们还可以根据石头的大小进行造型和建构游戏。

脚下的泥土好神奇

（由章丹老师提供）

游戏背景

城市中的孩子对泥的理解可能局限于橡皮泥。在以"泥土"为主题的绿野游戏中，老师可以让孩子们在园区的泥地、泥坑、树坑里与泥土亲密接触，在"乐踩泥""趣玩泥""巧塑泥"的游戏中发现泥土的特性，体会玩泥的乐趣。

链接自然核心经验

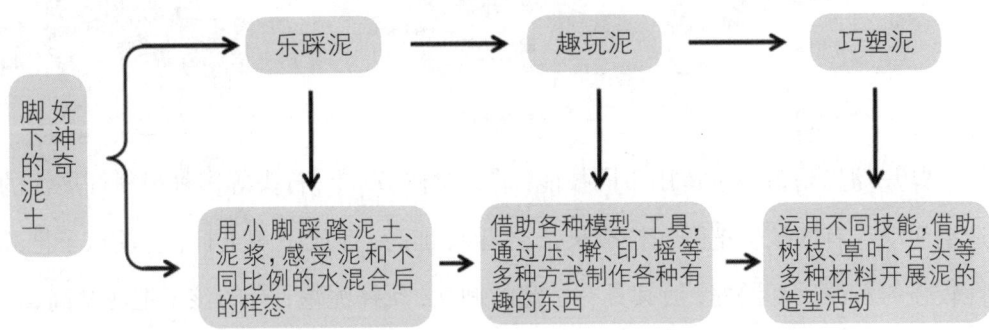

游戏实录

"乐踩泥"是指让孩子用小脚踩踏泥土、泥浆，感受泥和不同比例的水混合后的样态。在这一游戏中，孩子们会发现干的泥很硬，踩不动；加上水后，泥就变软了；水加得多了，泥就成了浑浊的泥浆。

踩硬泥　　　　　　　　　　　　　踩泥浆

"趣玩泥"是指孩子借助各种模型、工具，通过压、擀、印、摇等多种方式制作各种有趣的东西。例如，用擀面杖将泥擀成大泥饼；把泥装进印糕板，制作泥月饼；把泥装进模具，摇一摇，摇出大大小小的泥丸。

擀泥饼　　　　　　　做泥月饼　　　　　　　摇泥丸

"巧塑泥"是指孩子运用不同技能，借助树枝、草叶、石头等多种材料开展泥的造型活动。有的孩子把陶泥搓成长条，围圈、加高，捏成了陶土杯；有的孩子把黏性较强的黄泥反复搓捏，使其具有一定的韧性，玩摔泥炮；有的孩子把泥垒高，再用树叶和树枝装饰，做成泥蛋糕。

围泥杯　　　　　　　摔泥炮　　　　　　　垒泥蛋糕

游戏建议

1. 在游戏过程中，老师要鼓励孩子积极参与，发挥想象力和创造力，不要对孩子的作品进行过多的评价和干涉，要让孩子在自由的氛围中享受游戏的乐趣。

2. 在游戏过程中，老师要提醒孩子注意卫生和安全，让他们养成勤洗手的好习惯，避免将泥弄到眼睛或鼻子里。

3. 老师还可以引导孩子在幼儿园以外的地方收集不一样的泥，再通过观察和比较来了解泥的多样性。

多彩的植物

(由干晓萍老师提供)

游戏背景

植物的形态多样、色彩丰富,吸引着孩子们去欣赏、采集。绿野游戏"多彩的植物"抓住了植物的多样性、可食性、多汁液等特点,分为"集花草""品美味""玩汁液"三个游戏。

链接自然核心经验

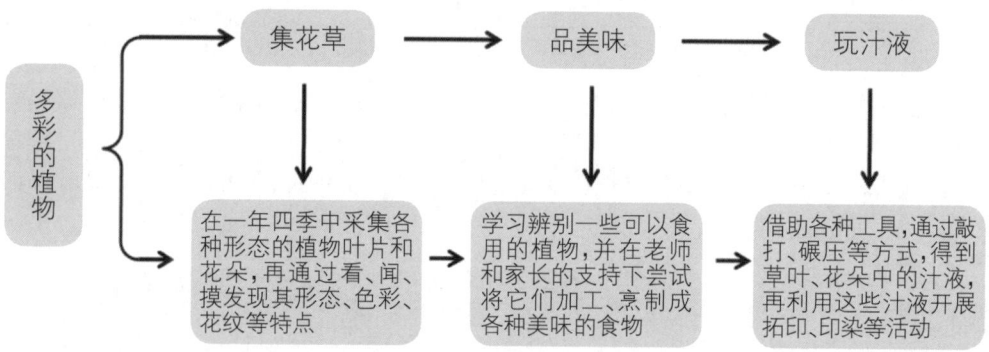

游戏实录

"集花草"是指孩子们在一年四季中采集各种形态的植物叶片和花朵,再通过看、闻、摸发现其形态、色彩、花纹等特点。例如,春天的柳树叶、夏天的狗尾草、秋天的银杏、冬天的红枫。孩子们可以摇桂花,品味浓郁的花香,还可以把金黄色的银杏叶堆成笑脸的样子。通过此游戏,孩子们不仅能够感知到大自然中花草的多样性,还能观察到随着季节的变换,大自然所呈现出的种种变化,这一过程有助于他们逐渐建立起敏锐的感知能力。

采集草　　　　　　　采集树叶　　　　　　　采集花

"品美味"是指让孩子们学习辨别一些可以食用的植物,并在老师和家长的支持下尝试将它们加工、烹制成各种美味的食物,如制作香椿炒蛋、草籽炒年糕、荠菜春卷、花瓣棒棒糖等,再品尝其独特的味道。

品草味　　　　　　　　　　　　　品花味

"玩汁液"是指孩子们借助各种工具,通过敲打、碾压等方式,得到草叶、花朵中的汁液,再利用这些汁液开展拓印、印染等活动。该游戏让孩子们在体会植物多种用途的同时,也能感受植物和生活之间的关系,感受大自然的神奇和美好。

汁液拓印　　　　　　　　　　　　汁液印染

游戏建议

1. 老师可以利用幼儿园内的场地种植多种类型的植物，以此丰富孩子们的游戏资源。同时，老师可以在班级内提供各种相关的绘本，辅助孩子们深入了解更多关于植物的知识。孩子们可以通过表征的方式记录下植物的名字和特征，并利用各类花草叶进行拼贴、造型等创意活动。

2. 老师可以选择一些植物，让孩子们观察它们的生长过程，感受生命的力量和自然的神奇。

3. 除了园区内的活动，老师还可以利用远足、散步等活动，让孩子们到社区及周边的公园开展收集植物的活动。

神奇的水

（由郁媛媛老师提供）

游戏背景

孩子们对水具有天然的探究兴趣。水无色、无味、随意流动的特性让孩子们百玩不厌。绿野游戏"神奇的水"分为"多样水"和"百变冰"两个游戏。其中，"多样水"游戏适合在夏天开展，分为"识水"和"玩水"；"百变冰"游戏更适合在冬季开展，分为"制冰"和"玩冰"。

链接自然核心经验

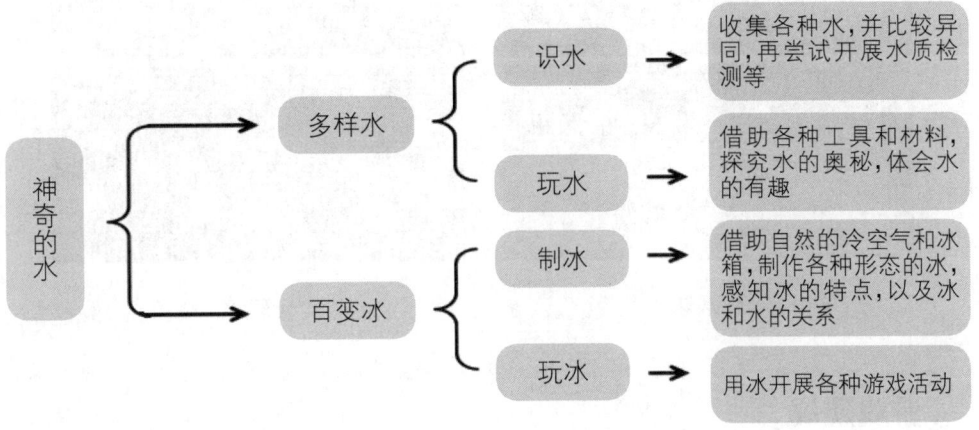

游戏实录

"多样水"既指水源地的多样，也指玩水方法的多样。其中，"识水"主要是让孩子们收集河水、井水、自来水、直饮水、海水等，通过观察、比较发现这些水的异同,再尝试开展水质检测、水的过滤等活动,体会水的包容性。"玩水"是指让孩子们借助各种工具和材料,探究水的奥秘,体会水的有趣,例如,利用颜料感受水和色彩的交融、混合,发现各种蔬果在水中的沉浮等。

过滤水　　　　　　　　　　　　混颜色

"百变冰"中的"制冰"是指孩子们在冬季借助自然的冷空气和冰箱,制作各种形态的冰,如花草冰、饮料冰等,感知冰的特点,以及冰和水的关系。"玩冰"是指孩子用冰开展各种游戏活动,如打冰球、转冰块等。

滑冰球　　　　　　　　　　　　玩转冰

游戏建议

1.老师应根据不同季节的特点来组织水的游戏。例如,在夏天,老师可以更多地安排孩子们直接进入水池,通过与水的亲密接触来直观感知水的特性;在冬天,老师则可以利用低温条件,引导孩子们制作各种形状的冰,从而探索水与温度之间的关联。

2. 老师应鼓励孩子们在游戏中创造性地使用水作为游戏材料。比如，可以尝试将水引入沙池，让孩子们体验水流的动感和沙与水混合后的变化；在模拟餐厅的场景中，孩子们可以将水与泥土、树叶等材料结合，创造出各式各样的"美味汤品"，这样的游戏不仅能让孩子们在游戏中感受到水与各种自然元素融合后的奇妙变化，还能不断丰富和拓展游戏的内容和深度。

甜美的果实

（由葛玲老师提供）

游戏背景

绿野游戏"甜美的果实"中包含"收果实""尝果味""玩果戏"的游戏。游戏中使用的果实可以是幼儿园里自然生长的，如枇杷、银杏、橘子等，也可以是孩子们亲手种的，如南瓜、向日葵、青瓜、萝卜等。

链接自然核心经验

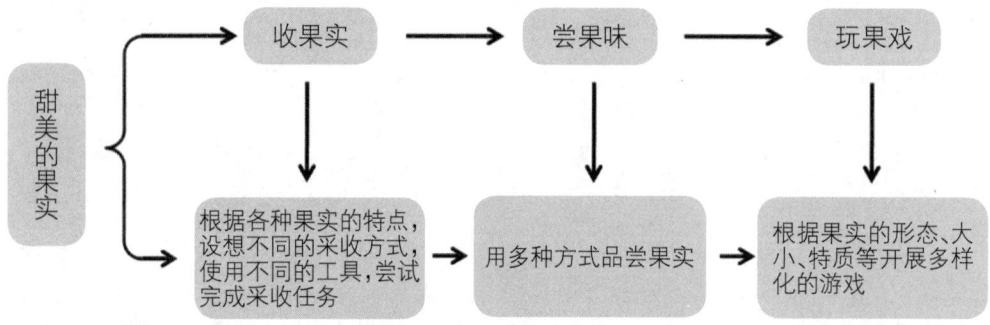

游戏实录

"收果实"是指孩子们根据各种果实的特点，设想不同的采收方式，使用不同的工具，尝试完成采收任务。例如，笋长在泥土里，就要用小锄头把它挖出来；枇杷树又高又大，就要利用高高的梯子爬上去摘；银杏树太高了，梯子也不够用，就要用长长的竹竿把银杏果打下来。

挖竹笋　　　　　　　　摘枇杷　　　　　　　　挖土豆

"尝果味"是指用多种方式品尝果实。第一种是直接食用,主要是枇杷、青瓜、萝卜这些可以直接食用的果实,让孩子们感受果实的原汁原味。第二种是烹煮食用,让孩子们烹煮、加工可食用的果实,如南瓜、笋等。第三种是复杂食用,是指那些需要通过清洗、晾晒、炒制后,才能吃的果实,主要有银杏果、瓜籽等。

生食萝卜　　　　　　　蒸煮南瓜　　　　　　　炒制瓜籽

"玩果戏"是根据果实的形态、大小、特质等开展多样化的游戏。例如,南瓜较大,可以玩滚南瓜、叠南瓜等游戏;银杏果小而精巧,可以玩弹银杏果、吐银杏果等击打类游戏;玉米是锥形的,可以用来玩投掷游戏。

弹银杏果　　　　　　　　　　　　滚南瓜

游戏建议

1. 在品尝环节,老师要注意孩子是否有过敏史,并关注每个孩子的饮食习惯。

2. 老师要考虑孩子的年龄特点,例如,小班孩子特别喜欢角色游戏,他们把捡到的松果当成宝宝,晴天的时候会带着松果到户外晒太阳。过了几天,孩子们发现松果"开花"了。孩子们给"开花"的松果洗澡,发现松果闭拢了。孩子们在有趣的游戏中初步感受了松果、太阳和水之间的关系。

松果宝宝晒太阳

松果宝宝洗洗澡

小沙子　大乐趣

（由徐宁老师提供）

游戏背景

幼儿园的沙池区是孩子们最喜爱的游戏场所之一。沙子作为天然材料，常见的有黄色、棕色、白色等颜色，特殊地区的沙子还可能是黑色、绿色的。沙子有无限的创造空间，极大地满足了孩子们亲近自然的愿望。绿野游戏"小沙子　大乐趣"分为"挖沙""筛沙""建沙"三个游戏。

链接自然核心经验

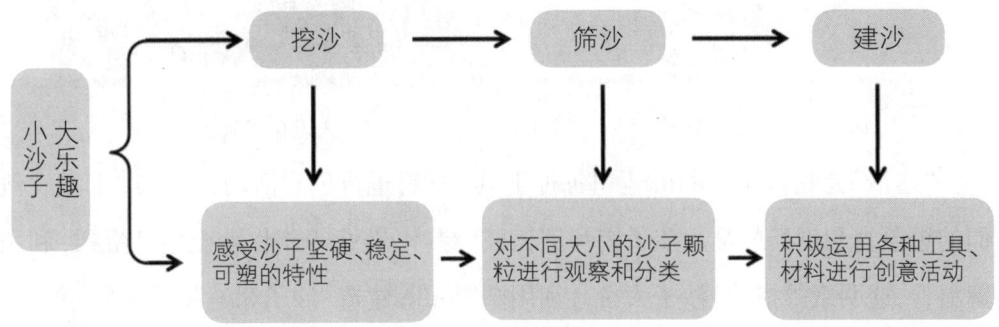

游戏实录

"挖沙"是指孩子们通过挖沙等来感受沙子的特性。在此游戏中，孩子们可以锻炼手部肌肉，提高手指的灵活性和协调性。有的孩子把沙子挖到小桶里，装了满满一桶后，再把小桶里的沙使劲地拍一拍，固定住，再倒出来；有的孩子拿着小铲子随意地挖着，嘴里说着"我挖到宝贝了"；还有的孩子利用工具挖沙，如小型挖掘机等。

铲子挖沙　　　　　　　　小型挖掘机挖沙　　　　　　　　沙子浴

"筛沙"是在安全、宽敞的户外场地投放筛子、沙子和其他辅助材料,让孩子们对不同大小的沙子颗粒进行观察和分类。筛子的大小和网眼密度可以根据孩子的年龄和兴趣进行投放。一般来说,小筛子适合较小的孩子,大筛子适合较大的孩子。

中班孩子筛沙　　　　　　　　　　　　大班孩子筛沙

"建沙"是指孩子们积极运用各种工具、材料进行创意活动,这有助于激发他们的想象力和创新思维。孩子们利用树枝、绿叶、花朵等制作沙土生日蛋糕,利用塑料管、透明纸等搭建"沙子大桥",利用塑料布等建造"沙子泳池"。

沙土生日蛋糕　　　　　　沙子大桥　　　　　　沙子泳池

游戏建议

1.游戏的场域应当保持开放性,老师应积极鼓励孩子们勇于突破场域界限。在玩沙区,游戏不应局限于挖沙和玩沙等传统游戏,教师应鼓励孩子们借助树枝、树叶等辅助材料,在沙池中探索并开展更多富有创造性的游戏。

2.玩沙区以沙子为主要材料,同时应提供多样化的工具和辅助材料,以激发孩子们的创造力和想象力。例如,可以提供多种形状的模具,让孩子们自由塑形,创造出各种有趣的作品。通过这些方式,孩子们能够在游戏中充分发挥想象力和创造力。

3.孩子们在玩沙的过程中,需要很多的经验来支撑自己的游戏行为。例如,孩子们利用了沙子可塑性的特点,将沙子铲到模具里,用手或沙铲压紧后,再将模具倒扣做成了沙土生日蛋糕。

与叶相遇,拥抱自然

(由徐宁老师提供)

游戏背景

树叶是自然界中常见的东西,在户外活动时,孩子们会在落叶上轻盈地跳跃,沙沙、沙沙,踩踏出一支婉转的秋天圆舞曲。在阳光下,孩子们透过树叶那细腻的脉络,会发现一个属于树叶的世界。孩子们还会捡起落叶放在鼻尖,轻嗅属于每片树叶的独特味道。绿野游戏"与叶相遇,拥抱自然"分为"收集树叶""探玩树叶""百变树叶"三个游戏。

链接自然核心经验

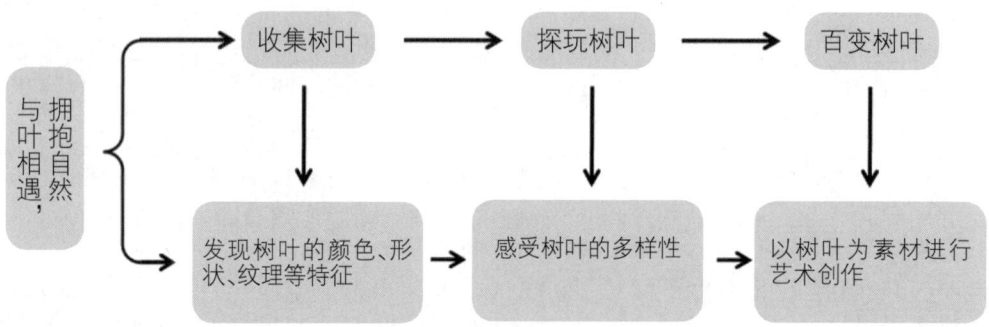

游戏实录

"收集树叶"是让孩子们通过收集不同的树叶,发现树叶的颜色、形状、大小、长短、纹理、肌理、质感、轻重等特征,在游戏中获得各种经验,与树叶亲密接触。

捡树叶　　　　　　　晒树叶　　　　　　　下树叶雨

"探玩树叶"是孩子捡一些形状、颜色不同的树叶来探索、玩耍,感受树叶的多样性。孩子可以根据树叶的大小进行排列,还可以把颜料涂在树叶上,然后印在纸上,感知不同树叶的纹理。

用树叶拼图　　　　用树叶玩钓鱼游戏　　　用树叶玩烧烤游戏

"百变树叶"是孩子以树叶为核心素材进行艺术创作,涵盖树叶绘画、拼贴、印染等多种艺术创作形式,以及制作树叶皇冠、树叶小人、树叶风铃等手工艺品。此游戏旨在通过自然媒介,引导孩子们深入感受大自然之美,同时不断激发他们的想象力、创造力和艺术表现力,使孩子们的自然创美作品与自然环境和谐相融。

树叶黏土　　　　　　树叶小人　　　　　　树叶风铃

游戏建议

1. 季节更迭是激发孩子们户外游戏兴趣的绝佳契机。随着秋天的到来,孩子们在户外活动时能自然观察到幼儿园内树叶的变色与飘落,老师应敏锐捕捉这一自然现象,顺势引导孩子们开展自主游戏。

2. 幼儿园艺术教育的核心目标之一便是引导孩子们发现大自然之美,并学会运用自然材料进行创新表达。老师可将此理念融入绿野游戏中,鼓励孩子们依据自然物的独特属性,展开丰富的想象与创造。

3. 孩子们热衷于利用树叶本身进行探索与艺术创作,老师还应进一步激励他们将其他自然材料作为辅助素材,从而不断拓宽游戏的广度与深度。

亲亲小动物

(由徐宁老师提供)

游戏背景

幼儿园的自然角里饲养着各种各样的小动物,如金鱼、乌龟、蜗牛、蝌蚪、鸡、鸭、兔子……孩子们和动物有着天然的缘分,他们对动物充满了好奇与兴趣。绿野游戏"亲亲小动物"分为"走近小动物"和"我的动物朋友"两个游戏。

链接自然核心经验

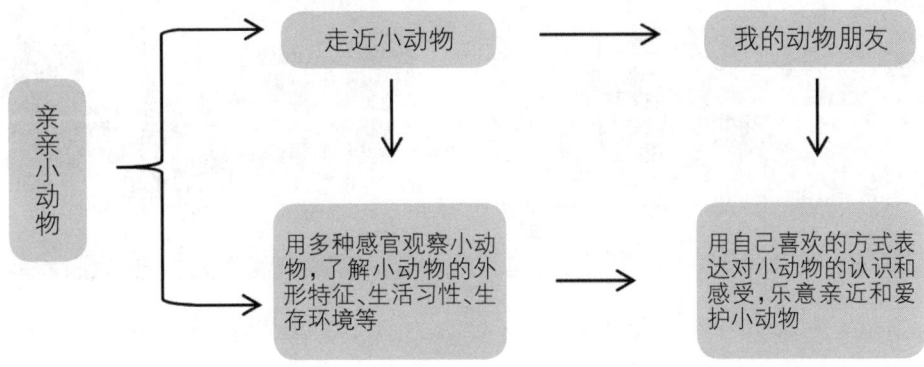

游戏实录

"走近小动物"是指孩子们用多种感官观察小动物,了解小动物的外形特征、生活习性、生存环境等。例如,了解金鱼的身体结构,知道乌龟在冬天会冬眠,兔子的长腿有助于跳跃等。孩子们还可以自主孵化鸡蛋、鸭蛋、鹅蛋,了解这些动物的生长周期。

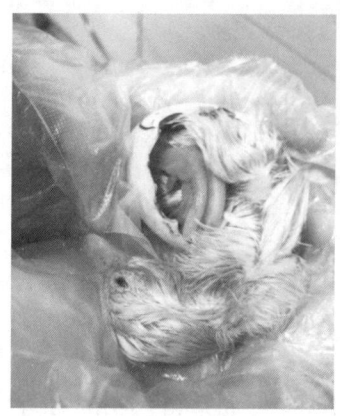
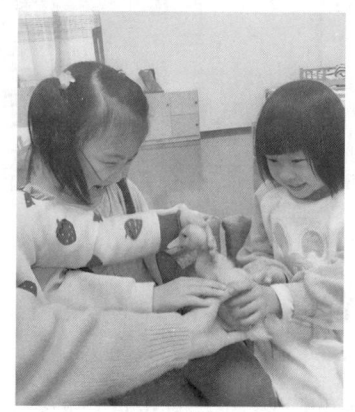

孵化小鸭子　　　　　　　　　亲近小鸭子

"我的动物朋友"鼓励孩子们尝试用自己喜欢的方式表达对小动物的认识和感受，通过饲养、照料等活动，乐意亲近和爱护小动物。孩子们可以给小鸟搭建鸟巢，带着小鸭去草坡上晒太阳、去水池里玩水，给流浪猫找家等。

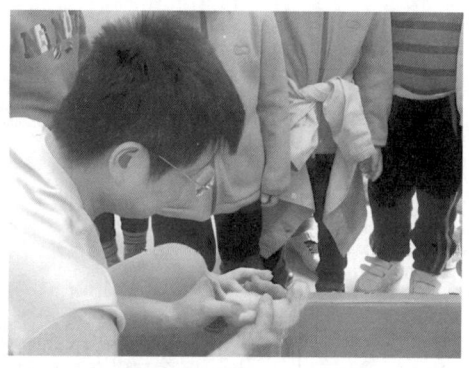

打扫小动物的住屋　　　　　　带生病的小鸭子到宠物医院

游戏建议

老师应鼓励孩子们尝试用自己喜欢的方式表达对小动物的情感。通过饲养、照料等活动，孩子们会更乐意亲近和爱护小动物。

后　记

在《绿野游戏：幼儿园亲自然教育的理论探索与实践》即将出版之际，我满怀感激之情，向所有给予帮助与默默支持的人致以诚挚的谢意。没有你们的鼓励与支持，我难以坚持完成这项既耗时又费力的工作。这本书凝聚了我们团队成员的心血、创意、智慧和经验。我们并肩作战，经过无数个日夜的不懈努力，从最初的灵感萌芽到最终的定稿成书，每一个篇章都是智慧的结晶。

我们清醒地意识到，随着城市日益高度聚集化、科技化和智能化，生活在城市中的儿童更容易面临"自然缺失症"的问题。因此，针对当前城市幼儿园的现状，我们深刻反思，并寄望通过教育的力量来弥补这一不足，为儿童创造更多与自然亲密接触的机会，旨在培养未来的自然守护者。在自然主义教育的视角下，我们确立了"顺应自然，玩启未来"的办园理念，将"真味、趣味、野味"作为幼儿园课程的核心，这一理念已深深融入我们的教育环境及儿童的游戏之中。近十年来，绿野游戏作为我们园本课程实施的重要路径，已成为我园儿童在自然环境中全面发展的重要推动力。

因此，这本书不仅是我们近年来在亲自然游戏探索方面的记录与深入解析，更是我们对游戏文化、游戏精神的一种致敬和传承。我希望通过这本书，能够唤起更多人对自然的敬畏之心，激发对游戏的热爱之情，使绿野游戏成为儿童与自然对话的桥梁。在阅读过程中，你们或许会找到心灵的共鸣，或许会有深刻的思考，甚至可能产生全新的创意火花。我期待着你们的反馈与分享，因为这将是我们未来在游戏实践探索道路上不可或缺的宝贵财富与全新动力。

在回顾整本书的创作历程时,我深切地感受到,编写一本关于游戏的书绝非易事。它不仅要求我具备深厚的游戏理解力、丰富的实战经验,还考验着我的文字功底与敏锐的洞察力。每一次深入查阅资料、与团队成员热烈讨论,以及无数次对内容的精心修改与完善,都是对自我能力的一次次提升与严峻挑战。在这个过程中,我仿佛踏入了一片充满魔法与奇迹的绿野,与众多游戏角色并肩,共同经历了一次次冒险与探索。

我要感谢我的编辑们,他们不仅提供了专业的编辑指导,还耐心地帮助我润色文字,确保内容的准确性和阅读的流畅性。他们对细节的执着追求,使这本书在结构和内容上都更加完善了。同时,我也要向幼儿园的孩子们表达我的感激之情,他们用自己的想象力和创造力为这本书提供了丰富的素材,使这本书更加生动、真实。孩子们的游戏故事,为绿野游戏增添了无限的生命力。

当然,我也深知这本书并非完美无缺,它仅代表了我们近十年来在幼儿亲自然游戏探索上的阶段性成就。我坚信,在未来的日子里,我们将共同见证更多精彩纷呈的游戏故事。我期许,无论是在虚拟的游戏世界,还是现实生活的广阔舞台,我们都能保持对未知世界的好奇心,拥有面对挑战的勇气,以及对生活的无尽热爱。让我们携手,在绿野间自由奔跑,尽情享受每一次冒险的乐趣,并珍惜每一次成长的瞬间。

最后,我要感谢南京师范大学的虞永平教授、浙江大学教育学院的刘力教授、安吉游戏的创始人程雪琴老师、宁波大学的汪超老师、宁波市教研室的郑宇醒老师、宁波市海曙区教研室的胡剑红老师等所有一路支持和关注绿野游戏的人,你们的鼓励和支持是我最大的动力。

金虹青

2024 年 8 月 25 日